Probleme und Grenzen der Atomgesetzgebung

Von

DDr. **Berthold Moser**

Rechtsanwalt in Salzburg

Springer-Verlag Wien GmbH

1958

Ursprünglich erschienen bei Springer-Verlag in Vienna 1958

ISBN 978-3-662-23151-7 ISBN 978-3-662-25137-9 (eBook)
DOI 10.1007/978-3-662-25137-9

Vorwort

Die Revolution, welche durch die Erkenntnisse der modernen Physik herbeigeführt wurde und im Abwurf der ersten Atombombe ihren überwältigenden Ausdruck fand, greift auf das gesamte Leben der Menschen über. Daß auch das Recht entscheidend beeinflußt wird, ist demnach einleuchtend.

In der vorliegenden Broschüre wird nun eine große Anzahl der vielfältigen juristischen Probleme, welche die Anwendung der Atomenergie mit sich bringt, dargestellt. Dabei wird ein doppeltes Ziel verfolgt. Da in Österreich noch kein Atomgesetz besteht, werden zunächst die Fragen des nationalen Rechtes erörtert, welche einer gesetzlichen Regelung bedürfen, und größtenteils sehr ins einzelne gehende Vorschläge gemacht. Im Vergleich mit ausländischen Gesetzen oder vorbereitenden legislativen Maßnahmen gelangt eine Reihe neuer Gesichtspunkte zur Erörterung, und zwar sowohl auf dem Gebiete des materiellen Rechtes als auch auf dem des Verfahrensrechtes. Über den Bereich des österreichischen Rechtes hinaus gelten viele dieser Überlegungen in gleicher Weise auch für das Recht anderer Länder.

Des weiteren werden diese konkreten Vorschläge in einen allgemeinen Rahmen gestellt, weil der umfassende Fragenkomplex nur so richtig verständlich ist. Es werden daher einleitend gewisse physikalische Grundtatsachen erörtert. Auf ihnen entsteht sodann das rechtliche Gebäude. Dieses wird über die staatlichen Grenzen hinaus auf internationales Gebiet ausgedehnt, weil es zwangsläufig in dieses hinüberführt. Frieden und Krieg sind Erscheinungsformen des Lebens, die ineinanderfließen. Es muß daher beiden in gleicher Weise Rechnung getragen werden.

Um dem Leser die Möglichkeit zu geben, das eine oder andere Problem einem eingehenden Studium zu unterziehen, wurde ein umfangreiches Verzeichnis atomrechtlicher Literatur, den Gegebenheiten entsprechend vorwiegend aus dem Auslande, angeschlossen.

Daß die erörterten Fragen von größter Aktualität sind, bedarf wohl keines weiteren Hinweises.

Salzburg, im September 1958.

Berthold Moser

Inhaltsverzeichnis

Seite

I. Die physikalischen Grundlagen des Atomrechtes

Es ist bekanntlich Aufgabe der Rechtsordnung, das Zusammenleben der Menschen zu regeln. Treten nun irgendwelche Umstände auf, welche auf das menschliche Leben entscheidend einwirken, so paßt sich ihnen auch das Recht an. Denn ein Recht, das auf die eingetretene Veränderung nicht Rücksicht nähme, würde sich von selbst ad absurdum führen.

Solche einschneidende Eingriffe in die Existenz der Menschen hat es in der Geschichte immer wieder gegeben und wir stehen heute am Anfang einer überaus bedeutungsvollen Entwicklung, deren Fortgang noch nicht vorhersehbar ist. Man kann ihn vielleicht nur vorausahnen. Trägerin dieser Entwicklung sind die Naturwissenschaften, im besonderen die physikalisch-technischen, welche seit Ende des 19. Jahrhunderts grundlegend neue Ansichten über die Welt im Kleinen wie im Großen gebracht haben.

Diese neuen Erkenntnisse wären ohne die Arbeit vieler vorhergehender Generationen unmöglich und manches, was heute als feststehend erscheint, entspricht nur allgemeinen philosophischen Erwägungen von früher. Man denke hierbei an die Ansichten der griechischen Naturphilosophen, daß die Materie aus ganz kleinen Teilchen besteht, welche sich in ständiger Bewegung befinden und unteilbar sind, oder an die Hinduphilosophie des 12. vorchristlichen Jahrhunderts, in welcher bereits die Ansicht vertreten wird, daß die Materie aus kleinsten Teilchen zusammengesetzt ist, welche sich gegenseitig anziehen. Das Besondere der modernen Physik besteht aber darin, daß man solche kleinste Teilchen und die zwischen ihnen wirkenden Kräfte experimentell nachweisen, sie künstlich beeinflussen und praktisch verwenden kann.

Worauf beziehen sich nun diese bedeutungsvollen Erkenntnisse und die Möglichkeiten ihrer Verwertung im wesentlichen? Die Antwort läßt sich ganz kurz fassen: auf die Umwandlung von

Atomkernen und die dabei freiwerdende Energie. Diese nuklearen Umbauvorgänge sind es auch, welche im Mittelpunkt jeder Atomenergiegesetzgebung stehen müssen.

Es empfiehlt sich, einige physikalische Tatsachen kurz zu rekapitulieren, weil dann die Grundlagen, auf denen die Rechtsordnung aufbauen muß, sofort gegenwärtig sind. Selbstverständlich kann es sich dabei nur um allgemeine Bemerkungen aus dem Bereich der Atomphysik handeln und auch diese können nur in ganz vereinfachter Form gebracht werden.

Es war von Atomkernumwandlungen die Rede. Nach dem Stande der heutigen Wissenschaft besteht ein Atom im wesentlichen aus einem Kern und einer Hülle, in welcher sich ein oder mehrere Elektronen befinden, die sich um den Kern in elliptischen Bahnen bewegen. Der Kern ist ein winziger Magnet, der sich um seine eigene Achse dreht. Die Zahl der in einem Atom befindlichen Elektronen schwankt zwischen 1 und 92. Doch ist es gelungen, auf künstlichem Wege Atome herzustellen, welche sogar über 100 Elektronen aufweisen. Der Kern des Atoms selbst besteht ebenfalls aus einem oder mehreren Teilchen. Die Anzahl der Teilchen, die in einem Atom vorkommen, schwankt. Einige der Kernteilchen besitzen eine elektrische Ladung. Man nennt sie Protonen. Ihre Ladung nennt man die positive. Jedem Proton im Kern entspricht ein Elektron in der Hülle. Die Elektronen besitzen ebenfalls eine elektrische Ladung, doch eine zum Kern entgegengesetzte; also nennt man sie eine negative. Außer den elektrisch geladenen Kernteilchen gibt es noch elektrisch neutrale, welche die Bezeichnung Neutronen führen. Die elektrisch geladenen Kernteilchen und die Elektronen halten einander das Gleichgewicht; daher ist das Atom normalerweise als Ganzes elektrisch neutral. Der Kern des Atoms ist im Vergleich zum ganzen Atom sehr klein. Sein Durchmesser beträgt z. B. etwa ein Zehn- bis Hunderttausendstel des Durchmessers des gesamten Atoms. Zwischen dem Kern und den in der Hülle befindlichen Elektronen besteht ein Raum, in welchem die Kräfte wirken, welche das Gleichgewicht zwischen dem Kern und den Elektronen aufrechterhalten. Bei den Kernen, welche aus mehreren Teilchen zusammengesetzt sind, wirken zwischen den einzelnen Kernteilchen Kräfte, welche diese Teilchen zusammenhalten. Diese sind enorm und übersteigen die chemischen Kräfte um ein Millionenfaches.

Worin besteht nun ein Kernumwandlungvorgang? Wie der Name besagt, beruht er auf einer Veränderung des Kernes. Es bestehen verschiedene Möglichkeiten. Entweder kommt von einem Kern etwas weg, der Kern wird kleiner, oder es gelangt zu einem Kern etwas hinzu, der Kern wird größer.

Solche Vorgänge gibt es zunächst einmal in der Natur. Gewisse schwere Kerne, welche aus vielen Bestandteilen zusammengesetzt und sehr kompliziert sind, fühlen sich gewissermaßen nicht sehr wohl und schleudern aus sich etwas heraus. Dieses herausschleudernde Etwas ist entweder ein materielles Teilchen oder eine immaterielle Strahlung oder beides. Durch das Herausschleudern wird der Kern dann etwas leichter. Doch auch in seiner neuen Form braucht er keinesfalls bestehen zu bleiben, weil er noch immer reichlich kompliziert zusammengesetzt ist. Er schleudert aus sich neuerdings etwas heraus und wird dadurch wieder etwas leichter; und so ist es möglich, daß eine ganze Reihe von Veränderungen stufenweise abläuft, wobei der Kern im Laufe der Zeit immer wieder an Masse abnimmt. Man nennt dieses Verhalten Radioaktivität. Dieser Vorgang dauert dann so lange, bis der Zusammenhalt der verbliebenen Kernteilchen vollkommen stabil geworden ist und keine selbsttätige Veränderung mehr eintritt. In der Natur gibt es aber auch den umgekehrten Vorgang. Nur spielt er sich nicht auf der Erde, sondern in den Sternen, darunter auch in der Sonne, ab. Infolge der enormen Hitze, die in den Sternen herrscht, wirbeln Kerne ohne Elektronenhüllen mit ungeheurer Geschwindigkeit umher, prallen zusammen und vereinigen sich. Dieser Vorgang der sogenannten Kernverschmelzung kommt aber, wie man bisher feststellen konnte, nur bei leichten, also einfach zusammengesetzten Kernen vor. In der Erde herrschen nicht solche Temperaturen wie in den Sternen. Daher gibt es diesen Vorgang der Kernverschmelzung auf der Erde in der Natur nicht. Wohl aber ist es gelungen, ihn künstlich herzustellen und er findet bei der Explosion einer Wasserstoffbombe statt. Man ist aber noch nicht soweit, die Kernverschmelzung für friedliche Zwecke nutzbringend zu gestalten, weil man den Verschmelzungsvorgang vorerst nur sehr kurze Zeit aufrecht erhalten kann. Es wird aber daran gearbeitet und es besteht die Möglichkeit, daß die Versuche in einiger Zeit gelingen werden. Was man aber kann, ist der umgekehrte Vorgang, nämlich die Erzeugung künstlicher Radioaktivität, indem man in schwere, kompliziert zusammengesetzte Kerne Teilchen (Neutronen) hineinschleudert. Der Kern nimmt zunächst das Teilchen auf, doch ist sein Gleichgewicht dadurch sehr gestört. Er fällt dann auseinander, wobei meist zwei ungefähr gleich große Hälften entstehen und nebenbei noch einzelne Kernteilchen (Neutronen) gesondert frei werden. Diese gesondert freigewordenen Teilchen treffen ebenfalls auf große Kerne auf, in die sie eindringen. Diese Kerne zerfallen auch auf die gleiche Art, sie gehen in zwei Hälften auseinander, einige Einzelteilchen werden dadurch frei und so wiederholt sich der Vorgang; es bildet sich dann das, was man eine Kettenreaktion nennt. Bei diesem Auseinanderbrechen der Kerne entstehen auch noch verschiedenartige Strahlungen, genau so wie bei der Verschmelzung leichter Teilchen Strahlungen ausgesandt werden.

Sowohl bei der Spaltung der schweren Kerne als auch bei der Vereinigung mehrerer leichter Kerne miteinander kann man etwas Interessantes beobachten. Die beiden Hälften, in die der schwere Kern zerfallen ist, einschließlich der ausgeschleuderten Einzelteilchen sind zusammen leichter als der schwere Kern vorher war, und ebenso ist der aus mehreren Teilchen vereinigte Kern leichter als die Teilchen zusammen vor der Vereinigung gewesen sind. Wo ist nun diese Differenz geblieben? Die Antwort wissen wir schon. Sie steckt in der vorerwähnten Strahlung, die bei diesen Vorgängen entstanden ist. Man nennt diese Differenz den Massendefekt. Er ist nichts anderes als die freigewordene Kernenergie.

Die Hauptmasse eines Atoms ist im Kern konzentriert. Gegenüber der Kernmasse spielt die Masse der Elektronen eine nur sehr untergeordnete Rolle. Beispielsweise ist die Masse eines Elektrons 1837mal kleiner als die Masse eines Protons. Je größer die Masse ist, desto größer ist die Energie, die in ihr schlummert und aus ihr freigesetzt werden kann. Alle früheren Darlegungen bezogen sich nur auf die Energie, die in den Kernen enthalten ist und aus ihnen hervorkommt. Trotzdem dürfen wir aber die Elektronenenergie bei unseren juristischen Erwägungen nicht ganz übersehen. Durch Veränderungen der Elektronenhülle, sei es dadurch, daß Elektronen hinzukommen, sei es dadurch, daß Elektronen aus der Hülle herausgerissen werden (Ionisierung), entstehen nämlich auch Strahlungen, welche schädlichen Einfluß haben können.

Die vorhin angeführte Kernenergie, als welche man nur die dem Kern entströmende Energie bezeichnet — man nennt sie auch Atomenergie —, kann man nun verschieden verwenden. Einmal ist es möglich, sie für kriegerische Zwecke heranzuziehen. Das geschieht in Form der verschiedenartigen Atombomben. In Österreich spielt aber vorläufig die militärische Nutzung der Atomenergie nur indirekt eine Rolle, weil nach Art. 13 und 17 des Staatsvertrages Österreich keine Atomwaffen besitzen, herstellen oder zu Versuchen verwenden soll und es erst eines Abkommens mit dem Sicherheitsrat der UNO bedürfte, damit Österreich die Erlaubnis dazu erhält.

Im Bereich der friedlichen Verwertung der Atomenergie gibt es bereits sehr verschiedene Anwendungsmöglichkeiten. Man kann Kernumwandlungsvorgänge durch Spaltung in großem Umfang zur Erzeugung von Wärme vornehmen, die dann ihrerseits wieder in Elektrizität umgewandelt wird. Die Anlagen, welche dazu dienen, nennt man Reaktoren, Atommeiler, Atomöfen, und die Stoffe, aus denen man Atomenergie in großem Umfang gewinnt, Kernbrennstoffe. Bei der Tätigkeit solcher Anlagen entstehen verschiedene Abfallprodukte, die großenteils radioaktiv sind. Man kann diese künstlich erzeugten Abfallprodukte ebenso wie in der Natur vorkommende radioaktive Substanzen auf dem Gebiete der Medizin, Biologie, Landwirtschaft, in der Technik, Metallurgie usw. benützen. Man kann mit ihnen durchleuchten, und zwar sowohl Menschen als auch Sachen, man kann durch Zusatz radioaktiver Stoffe bei Substanzen, die in Bewegung sind, den jeweiligen Standort bestimmen, man kann Krebsgeschwüre und Blutkrankheiten heilen, man kann durch Bestrahlung von Erbfaktoren Mutationen vornehmen, man kann das Alter organischer Stoffe bestimmen, Lebensmittel konservieren usw. Und damit stehen wir aber auch schon mitten im Juristischen. Denn hier wird die Rechtsordnung unmittelbar tangiert. Wenn man vielleicht auch nicht behaupten will, daß sämtliche Rechtsgebiete durch die Möglichkeit, Atomenergie zu verwerten, betroffen werden, so sind es aber deren sehr viele. Im nachstehenden seien einige Beispiele aufgeführt.

Die Gewinnung und Herstellung von Stoffen, aus denen Atomenergie freigesetzt werden kann, ihre Aufbewahrung, Überlassung, Beförderung, ihre Einfuhr, Ausfuhr, Durchfuhr, Verwendung, Umwandlung, Regenerierung, Entfernung, Unschädlichmachung usw.

berühren das Bergrecht, Wasserrecht, Außenhandelsverkehrsrecht, Baurecht, Verkehrsrecht, Gewerberecht, Patentrecht, Gesundheitsrecht, Polizeirecht, Strafrecht, Zivilrecht einschließlich Privatversicherungsrecht, Sozialversicherungsrecht, Elektrizitätsrecht, Landwirtschaftsrecht, Finanzrecht, Völkerrecht usw. Nicht zu vergessen ist aber auch das Verfassungsrecht, weil auf Grund der bestehenden Bundesverfassung eine einheitliche und vernünftige Regelung des gesamten Atomrechtskomplexes infolge der Zersplitterung der Zuständigkeit einfach unmöglich ist.

II. Die Arten des rechtlichen Schutzes

Die künstliche Kernspaltung und die künstliche Kernvereinigung stellen sich als schwerwiegende Eingriffe in das innerste Gefüge der Natur dar. Die Kräfte, welche zwischen den Bestandteilen der Atomkerne wirken, kommen zwar nur in räumlich winzigen Bereichen zur Geltung, doch besitzen sie eine ungeheure Gewalt. Auf jeden Eingriff von außen erfolgt prompt die Reaktion. Wird der Natur Gewalt angetan, so antwortet sie mit Gewalt. Der Mensch, der diese ungeheuren Energien friedlich nutzen will, ist nun bestrebt, diese Reaktion nicht in einer einmaligen Explosion vor sich gehen zu lassen, sondern sie in einen zeitlich lange hingestreckten Ablauf umzuleiten. Soweit es sich um Vorgänge der künstlichen Kernspaltung handelt, ist dies bereits gelungen. Hinsichtlich der künstlichen Kernverschmelzung wurden in letzter Zeit erhebliche Fortschritte erzielt und man kann wohl annehmen, daß die Wissenschaft im Laufe nicht zu langer Zeit dieses Problem lösen wird. Darüber hinaus kann man wohl aber auch voraussagen, daß den Kernverschmelzungsvorgängen in Zukunft für die Gewinnung von Atomenergie im Großen weitaus mehr Bedeutung als den Kernspaltungsvorgängen zukommen wird. Das Material, welches hierzu benötigt wird, zum großen Teil schweres Wasser, ist in unbegrenzter Menge im Meer vorhanden. Auf je ca. 5000 gewöhnliche Wasserstoffatome entfällt ein Atom schweren Wassers.

Zum Schutze der menschlichen Gesellschaft erwächst der Rechtsordnung nunmehr eine überaus bedeutungsvolle Aufgabe. Wir müssen zwischen einer Regelung im nationalen Bereich und auf internationalem Gebiet unterscheiden. Auf dem nationalen Sektor handelt es sich im wesentlichen um Schutzbestimmungen, welche der Staat in vierfacher Richtung zu erlassen hat. Schutz ist hier sowohl im Sinne von Verhütung als auch von Wiedergutmachung zu verstehen. Diese Schutzbestimmungen sind verwaltungsrechtliche, zivilrechtliche, strafrechtliche und budgetrechtliche.

A. Verwaltungsrecht; Verwaltungsverfahren

Welche verwaltungsrechtlichen Probleme wirft nun die Verwertung der Atomenergie für friedliche Zwecke auf? Die Fragen, die hier zu regeln sind, mögen nicht so zahlreich wie die zivilrechtlichen sein, weil die Verwaltungsbehörde einen größeren Spielraum als der Zivilrichter besitzt und das Schwergewicht beim einzelnen Verwaltungsakt liegt. Der Gesetzgeber kann sich daher allgemeiner fassen.

Der gesamte Komplex der administrativen Sondervorschriften steht unter einem einzigen Gesichtspunkt: dem der Sicherheit. Unter Sicherheit ist hierbei zweierlei zu verstehen: einmal Sicherheit von Personen und Sachgütern gegen Schädigungen durch Strahlungen und Explosionen, zum andern die Sicherheit des Staates nach innen und nach außen. Im Sinne dieses Leitgedankens hat die Regelung möglichst allgemein und umfassend zu sein, wobei es notwendig ist, auch jetzt schon künftige Entwicklungen zu berücksichtigen. Alle erfaßbaren und bedeutsamen inneratomaren Vorgänge sind in das Gesetz einzubeziehen. Das Gesetz wird daher wohl in erster Linie Kernumwandlungsvorgänge zu behandeln haben. Aber auch bloße Veränderungen der Atomhüllen, welche ionisierende Strahlen hervorrufen, wären zweckmäßigerweise einzubeziehen, obwohl hier nicht von kernenergetischen Vorgängen die Rede sein kann. Aus praktischen Erwägungen wird es sich wegen der Ähnlichkeit der Strahlungswirkungen empfehlen, für derartige bloße Veränderungen der Hülle ähnliche gesetzliche Vorschriften vorzusehen.

Die Kernumwandlungsvorgänge sind je nach ihrer Art in zwei Gruppen einzuteilen.

Die eine Gruppe umfaßt solche Umwandlungsvorgänge, die sich aus der Radioaktivität von Stoffen ergeben, mag es sich dabei um natürliche oder künstliche Stoffe handeln. Natürlich radioaktiv sind alle Stoffe mit instabilen, dem Zerfall unterliegenden Atomkernen, wobei die Kerne aus sich heraus Partikel oder Quanten oder beides aussenden. Künstlich radioaktiv sind Stoffe, deren

Kerne erst auf Grund vorhergehender Anregung von außen solche Emissionen vollbringen. In beiden Fällen verändert sich der Kern. Unter den radioaktiven Stoffen spielen die sogenannten spaltbaren Kernbrennstoffe eine besondere Rolle. Es sind dies solche natürliche oder künstliche Stoffe, aus denen unmittelbar Atomenergie durch Atomkernspaltung gewonnen werden kann, wie beispielsweise Uran 235, Uran 233, Plutonium u. a. Radioaktive Stoffe einschließlich spaltbarer Kernbrennstoffe bilden infolge ihrer ununterbrochenen Selbsttätigkeit eine ständige Gefahrenquelle. Aus diesem Grund muß das Gesetz in der Regelung der Beziehungen des Menschen zu ihnen umfassend sein. Sie sind daher nicht nur gefährlich, wenn sie etwa im Atomreaktor zur Erzeugung von Kernenergie verwendet werden, sondern können auch außerhalb dieser ihrer bestimmungsgemäßen Verwendung Schäden verursachen.

Anders steht es mit den verschmelzbaren Kernbrennstoffen. Auch diese sind natürliche oder künstliche Stoffe, aus denen unmittelbar Atomenergie gewonnen werden kann, und zwar durch Atomkernverschmelzung, wie etwa schwerer Wasserstoff, Lithium u. a. Natürliche Verschmelzungsvorgänge, ein Gegenstück zur natürlichen Radioaktivität, kommen auf der Erde nicht vor. Daher wird sich jedes Gesetz auf die verschmelzbaren Kernbrennstoffe zu beschränken haben, welche auf künstlichem Wege miteinander vereinigt werden können. An sich sind sie völlig ungefährlich. Eine Gefahr besteht nur dann, wenn der Verschmelzungsprozeß im Gange ist.

Das Gesetz wird demnach eine Zweiteilung vorzunehmen haben. Es wird einerseits die spaltbaren Kernbrennstoffe und alle sonstigen radioaktiven Stoffe betreffen müssen und sich auf der anderen Seite mit den verschmelzbaren Kernbrennstoffen zu befassen haben. Die Regelung hinsichtlich der erstgenannten Gruppe wird wesentlich umfangreicher sein. Das Gesetz wird bestimmen müssen, daß jede Art der Gewinnung und Herstellung von Kernbrennstoffen einschließlich sonstigen radioaktiven Stoffen sowie ihre Innehabung und der Umgang mit ihnen einer Bewilligung bedürfen. Auszunehmen sind lediglich radioaktive Stoffe, welche keine Gefahr für Personen und Sachen bilden. Der Begriff der Innehabung und des Umganges ist sehr weit zu ziehen und umfaßt unter anderem die Aufbewahrung, Überlassung, Beförderung,

Einfuhr, Ausfuhr, Durchfuhr, Verwendung, Umwandlung, Regenerierung, Entfernung und Unschädlichmachung solcher Stoffe. Dazu gehört auch die Errichtung und der Betrieb von atomaren Anlagen, Einrichtungen, Maschinen und Geräten sowie die Änderung ihrer Art oder ihres Zweckes. Jede menschliche Tätigkeit, welche sich hierauf bezieht, wird an die Erteilung einer Bewilligung geknüpft werden müssen. Bei verschmelzbaren Kernbrennstoffen wird der Kreis der Bewilligungspflicht wesentlich enger gezogen werden können. Es wird genügen, wenn man die Bewilligungspflicht für die Errichtung, den Betrieb und die Änderung der Art oder des Zweckes von Anlagen, Einrichtungen, Maschinen und Geräten vorschreibt, in welchen Verschmelzungsvorgänge stattfinden.

Eine grundlegende Frage ist nun die, ob es in das reine Ermessen der Behörde gestellt sein soll, derartige Bewilligungen zu erteilen, oder ob ein Bewilligungswerber bei Erfüllung bestimmter gesetzlicher Voraussetzungen, welche die Sicherheit garantieren, einen Anspruch auf die Erteilung einer solchen Bewilligung haben soll. Man kann darüber geteilter Meinung sein. In beiden Fällen, gleichgültig ob ein freies Ermessen der Behörde oder ein Recht des Bewilligungswerbers bestehen soll, werden strenge Sicherheitsvorschriften eingehalten werden müssen. Vom Standpunkte des Rechtstaates aus gesehen ist die zweite Lösung vorzuziehen, weil durch sie im Rahmen des Bewilligungsverfahrens persönliche, nicht zur Sache gehörige Gesichtspunkte ausgeschaltet werden. Bei nicht restloser Erfüllung aller gesetzlichen Bedingungen müßte andererseits die Bewilligung versagt werden. Sowohl der Entwurf der Deutschen Bundesrepublik als auch der schweizerische Entwurf zum Atomgesetz statuieren ein Recht des einzelnen auf die Bewilligung, wenn allen vom Gesetz vorgeschriebenen Sicherheitsmaßnahmen entsprochen ist. Wenn sich der österreichische Gesetzgeber zu dieser rechtsstaatlichen und dem Grundgedanken der Verfassung von der Gleichheit aller vor dem Gesetz entsprechenden Regelung entschließen könnte, so wäre andererseits zu verlangen, daß die Voraussetzungen für die Erteilung einer Bewilligung sehr strenge sind. Diesen Anforderungen wird sowohl in persönlicher als auch in sachlicher Hinsicht zu entsprechen sein. Die Person des Bewilligungswerbers wird die Gewähr dafür bieten müssen, daß ausschließlich friedliche Zwecke verfolgt werden und daß die äußere und innere Sicherheit der Republik Österreich nicht gefährdet oder beeinträchtigt wird; ferner wird der Bewilligungswerber die fachliche Eignung besitzen müssen und auch sonst als verläßlich anzusehen sein. Was die sachlichen Voraussetzungen betrifft, so wird in technischer Hinsicht alles vorzukehren sein, daß keine Schäden entstehen und dritte Personen keine gefährdenden Einwirkungen vornehmen können; ferner muß ein Haftpflichtversicherungsvertrag bestehen, welcher die Erfüllung aller gesetzlichen Schadenersatzansprüche gewährleistet. Bei der Ausfuhr, Einfuhr oder Durchfuhr müssen überdies die einschlägigen internationalen Abkommen eingehalten werden. Bei der Herstellung von Anlagen und Einrichtungen ist ferner darauf Bedacht zu nehmen, daß den Vorschriften der Bauordnungen sowie den nachbarrechtlichen Bestimmungen und den gesetzlichen Vorschriften über den Gewässerschutz entsprochen wird. Wenn sich die Behörde von dem Vorliegen aller dieser Voraussetzungen überzeugt hat, dann kann sicherlich die Bewilligung ohne Bedenken erteilt werden. Es muß der Behörde obendrein aber auch freistehen, noch verschiedene Bedingungen und Auflagen vorzuschreiben, bei deren Nichteinhaltung die Bewilligung wieder rückgängig gemacht wird. Auch zeitliche Befristigungen sowie der Vorbehalt nachträglicher Auflagen, falls sich solche als notwendig erweisen würden, müssen zulässig sein. Die Aufnahme von Detailvorschriften über Vorkehrungen gegen mögliche Schäden, insbesondere durch Strahlen (sog. Strahlenschutzbestimmungen), in das Atomgesetz selbst ist nicht empfehlenswert. Diese Regelungen wären viel zu umfangreich und überdies fortlaufenden Änderungen unterworfen, da die Auffassungen wechseln und technische Verbesserungen ständig erfolgen. Diese Bestimmungen wären am besten einem eigenen Rahmengesetz zu überlassen. Im Wege von detaillierten Verordnungen könnte der jeweiligen technischen Entwicklung am schnellsten und einfachsten entsprochen werden. Die Form der Bewilligung wird die eines schriftlichen Bescheides sein, in welchen zugleich die erforderlichen Auflagen, Bedingungen oder Befristungen sowie der Vorbehalt nachträglicher Auflagen aufzunehmen sind. Aus Gründen der Einfachheit wird es sich empfehlen, mehrere genehmigungspflichtige Tatbestände in einem einzigen Bescheid zu vereinigen.

Der Erteilung einer Bewilligung entspricht auf der anderen Seite ihr Widerruf. Das Gesetz wird sowohl Fälle des fakultativen

Widerrufs als auch solche des obligatorischen vorsehen müssen. Der Behörde muß das Recht zustehen, einen Widerruf auszusprechen, wenn eine der Voraussetzungen für die Erteilung der Bewilligung von Anfang an nicht gegeben war oder nachträglich weggefallen, der Umfang der Bewilligung überschritten oder eine erteilte Auflage oder Bedingung nicht erfüllt worden ist. Die Behörde wird aber darüber hinaus sogar zum Widerruf verpflichtet sein, wenn eine Gefahr für Menschen oder Sachen besteht, die nicht unverzüglich beseitigt wird. Dies wird auch dann gelten müssen, wenn allen Auflagen und Bedingungen entsprochen worden ist. In allen diesen Fällen braucht aber keinesfalls die gesamte Bewilligung vom Widerruf betroffen zu werden; es hängt ganz von der Sachlage ab, ob sich diese Notwendigkeit auf den gesamten Bescheid oder einen Teil desselben erstreckt.

In vielen Fällen wird sich der Widerruf als zu harte Maßnahme erweisen, nämlich stets dann, wenn die Annahme gerechtfertigt ist, daß verschiedene Mängel innerhalb eines angemessenen Zeitraumes beseitigt werden können. An Stelle eines Widerrufes soll dann die vorübergehende Außerkraftsetzung der Bewilligung durch die Aufsichtsbehörde treten können. Gleichzeitig wird von der Aufsichtsbehörde eine Frist zur Beseitigung der Mängel festzusetzen sein, welche ein Jahr nicht überschreiten darf.

Im Bewilligungs- und Widerrufsverfahren, im Verfahren zur vorübergehenden Außerkraftsetzung sowie bei der Ausübung der staatlichen Aufsicht können von der Aufsichtsbehörde Sachverständige zugezogen werden.

Die Einführung eines Verfahrens zur vorübergehenden Außerkraftsetzung der Bewilligung bietet den großen Vorteil, daß ein neuerliches umständliches Bewilligungsverfahren bei fristgerechter Beseitigung der aufgetretenen Fehler erspart bleiben kann.

Ein Sonderfall der vorübergehenden Außerkraftsetzung bedarf eines besonderen Hinweises. Er ist dann gegeben, wenn der Inhaber einer Bewilligung seinen Verpflichtungen aus einem Haftpflichtversicherungsvertrag nicht nachkommt, also insbesondere mit der Prämienzahlung in Rückstand gerät. Das Gesetz wird zu bestimmen haben, daß der Versicherer dem Inhaber der Bewilligung in diesem Falle eine bestimmte Nachfrist für die Erfüllung seiner Verpflichtungen zu setzen und ihn auf das Außerkrafttreten des Versicherungsschutzes an einem genau bestimmten Zeitpunkt hinzuweisen hat. Von dieser Nachfristsetzung ist die Aufsichtsbehörde durch den Versicherer zu verständigen. Läßt der Versicherungsnehmer die Frist ungenützt verstreichen, so setzt die Aufsichtsbehörde die Bewilligung außer Kraft.

Bei Widerruf oder vorübergehender Außerkraftsetzung einer Bewilligung sind von der Aufsichtsbehörde gleichzeitig jene Maßnahmen anzuordnen oder zu treffen, welche eine Gefahr für Menschen oder Sachen nach Einstellung der Tätigkeit ausschließen. Im Falle des Widerrufes kann auch die Einziehung radioaktiver Stoffe einschließlich spaltbarer Kernbrennstoffe durch den Staat zum Tageswert verfügt werden, falls diese Stoffe im Eigentum des Inhabers der erloschenen Bewilligung stehen und der Inhaber keine andere Verwendungsmöglichkeit für sie besitzt.

Es ist anzunehmen, daß wiederholt nicht Einzelpersonen, sondern juristische Personen oder Personalgesellschaften als Bewilligungswerber auftreten werden. In diesen Fällen muß verlangt werden, daß alle nach dem Gesetz, dem Gesellschaftsvertrag oder der Satzung zur Geschäftsführung und Vertretung berufenen Personen den Sicherheitsvorschriften entsprechen; hingegen wird es genügen, wenn eine von ihnen überdies die fachliche Eignung besitzt. Besteht Vertretungsbefugnis nur in Gemeinschaft mit einem Prokuristen, so wird auch dieser den Sicherheitsanordnungen zu genügen haben.

Besitzt nun keine der genannten Personen die fachliche Eignung — ein Umstand, der an sich häufig vorkommen mag —, so muß an ihrer Stelle ein entsprechend befähigter Stellvertreter bestellt werden. Das gilt auch in jenem Falle, in welchem eine Einzelperson als Bewilligungswerber auftritt, welche nicht die fachliche Eignung aufweist.

Bei einem bloßem Wechsel von Personen, auf welche die Sicherheitsvorschriften Anwendung finden, wird die Aufsichtsbehörde nach ihrem Ermessen auf eine neuerliche Überprüfung der sachlichen Voraussetzungen verzichten und sich auf eine Kontrolle der persönlichen Anforderungen beschränken können. Treten Ausländer als Bewilligungswerber auf, so werden sie österreichischen Staatsbürgern nur unter der Voraussetzung der Gegenseitigkeit hinsichtlich der Art und des Umfanges ihrer Rechte gleichzustellen sein. Ausnahmen wird aber die Behörde bewilligen können. Bei staatenlosen Personen wäre wohl der Behörde ein freies Ermessen einzuräumen.

Um eine ständige Kontrolle im Interesse der Sicherheit der Bevölkerung und des Staates zu ermöglichen, wird es notwendig sein, daß das Gesetz der Behörde ein fortlaufendes Überprüfungsrecht gewährt. Die Behörde muß berechtigt sein, Orte, an denen sich radioaktive Stoffe befinden oder vermutet werden, jederzeit zu betreten und die hierfür erforderlichen Überprüfungen vorzunehmen. Wird festgestellt, daß gegen das Gesetz oder einen Bescheid verstoßen wurde, so muß der Behörde das Recht zustehen, die Beseitigung des gesetzwidrigen Zustandes anzuordnen oder ihn selbst zu beseitigen.

Wer radioaktive Stoffe gewinnt, herstellt, innehat oder mit ihnen umgeht, muß hierüber Buch führen, auf Verlangen der Aufsichtsbehörde jederzeit den Verbleib der Stoffe nachweisen und alle aufsichtsbehördlich vorgeschriebenen Meldungen erstatten. Die Aufsichtsbehörde ist jederzeit berechtigt, die Buchführung sowie die Meldungen an Ort und Stelle auf ihre Richtigkeit zu überprüfen. Dasselbe wird einmal von verschmelzbaren Kernbrennstoffen gelten.

Welche Behörden sollen nun zu all den Verwaltungsmaßnahmen zuständig sein? Man wird sich zwei Hauptfragen vor Augen halten müssen. Die eine Frage geht dahin, ob das gesamte Bewilligungs-, Widerrufs- und Überwachungsverfahren zentralisiert oder bei niedrigeren Instanzen dezentralisiert geführt werden soll. Die zweite Frage ist dann die, ob man bestehende Behörden mit den zusätzlichen Aufgaben betrauen oder eigene Ämter schaffen soll.

Wenden wir uns der ersten Frage, Zentralisierung oder Dezentralisierung, zu. Grundsätzlich wird man eine Zentralisierung aus Sicherheitsgründen verlangen müssen. Die Zahl der in Österreich zur Verfügung stehenden Fachleute ist nicht groß. Es ist unmöglich, diese wenigen Fachleute etwa auf die einzelnen Bundesländer aufzuteilen, um sie dort einzeln für sich arbeiten zu lassen. An Erfahrungen auf praktischem Gebiete fehlt es auch. Die Erfahrungen, welche im Laufe der Zeit gesammelt werden, müssen zweckmäßigerweise an einer Stelle zusammengetragen werden. Es mag sein, daß sich die Situation im Laufe von Jahrzehnten ändern wird, aber vorläufig ist sie so, daß die nicht zahlreichen Fachleute an einer Stelle ihre Erfahrungen austauschen müssen. Als Bewilligungsbehörde wird daher zweckmäßigerweise eine ministerielle Instanz in Betracht kommen, welcher zugleich auch das Widerrufsrecht und die verschiedenen Kontrollrechte zustehen. Nur dort, wo es sich um mögliche Schadensquellen kleinen Umfanges handelt, wie z. B. bei der Erteilung von Bewilligungen für die Verwendung eines Durchleuchtungsgerätes, wird man die Zuständigkeit auf Landesbehörden verlagern können.

Es wird aber auch dafür Sorge zu tragen sein, daß grundsätzlich in jedem Falle mit einer einzigen Bewilligung das Auslangen gefunden werden kann, so daß es keiner weiteren Bewilligung oder Anzeige nach anderen Gesetzen bedarf. Aus Sicherheitsgründen empfiehlt es sich, den gesamten Komplex in einem einzigen Verfahren zur Überprüfung zu bringen. Eine Ausnahme wird man nur für einige wenige Gesetze machen können, welche nicht aus dem Gesichtspunkt der Sicherheit, sondern aus völlig anderen Gründen eine Bewilligungspflicht vorschreiben. Hierzu gehören etwa zoll-, außenhandels- und devisenrechtliche Bewilligungen oder patentrechtliche Vorschriften. Eine Ausnahme wird aber auch für den Bereich des Bergrechtes und des Wasserrechtes zu machen sein, obwohl es sich hier im eminenten Maße um Sicherheitsfragen handelt. Die berg- und wasserrechtlichen Probleme erfordern eine so eingehende Überprüfung, daß man es zweckmäßigerweise bei der zusätzlichen Inanspruchnahme der Berg- und Wasserrechtsbehörden belassen wird, die auf ihrem Gebiete über wertvollste Spezialkenntnisse verfügen und über Fragen lokaler Art besondere Erfahrungen sammeln konnten.

Die zweite Frage ist nun die, ob eigene Ämter geschaffen oder den bestehenden Behörden zusätzliche Verwaltungsaufgaben übertragen werden sollen. Die Situation ist in Österreich anders als in großen Staaten. Auf absehbare Zeit hinaus wird die Anzahl der Bewilligungen nicht groß sein. Auch fällt in Österreich derzeit die Verwendung der Atomenergie für militärische Zwecke weg. Die Schaffung eines eigenen Atomministeriums ist daher wesentlich verfrüht und es genügt, wenn man den bestehenden Ministerien die neuen Aufgaben überträgt. Zwei Ministerien kommen hier vor allem in Betracht. Das eine ist das Ministerium für Handel und Wiederaufbau und das andere das Ministerium für soziale Verwaltung. Erteilung, Widerruf und vorübergehende Außerkraftsetzung von Bewilligungen sollte analog dem Gewerberecht dem Bundesministerium für Handel und Wiederaufbau zustehen, dem allerdings zur Pflicht zu machen ist, das Einvernehmen mit dem

Sozialministerium herzustellen, welches vorwiegend die Einhaltung der Strahlenschutzbestimmungen zu überwachen haben wird. In Einzelfällen, etwa bei der Herstellung von Reaktoren zur Erzeugung von elektrischem Strom, wird das federführende Ministerium das Einvernehmen mit dem Bundesministerium für Verkehr und Elektrizitätswirtschaft zu pflegen haben, soweit Unterrichtsanstalten betroffen sind, wird das Einvernehmen mit dem Bundesministerium für Unterricht herzustellen, und soweit es sich um Fragen handelt, welche internationale Verträge betreffen, auch das Bundeskanzleramt heranzuziehen sein. Es könnte aber ins Auge gefaßt werden, zur Beratung der Ministerien, zur Erstattung von Gutachten für Verwaltungsbehörden und Gerichte und zur Durchführung verschiedener anderer Aufgaben eine eigene Atomkommission zu errichten, welche sich je nach Fachgebieten in mehrere Abteilungen gliedert.

Bei all dem handelt es sich nur um allgemeine Vorschläge organisatorischer Art, an deren Stelle ebensogut eine andere Regelung treten kann. Wenn wir die Verhältnisse in anderen Staaten überblicken, so müssen wir feststellen, daß es hier zahllose Variationen gibt. Es ist daher ohne weiteres möglich, die organisatorischen Fragen auch ganz anders zu lösen.

B. Zivilrecht: Haftpflicht und Versicherung; Zivilverfahren

Am schwierigsten ist die Fassung der zivilrechtlichen Sonderbestimmungen. Denn das bürgerliche Recht ist seinem Wesen nach wesentlich starrer als etwa verwaltungsrechtliche Vorschriften und der Richter, der einen Zivilrechtsfall zu entscheiden hat, besitzt nicht jenen Ermessensspielraum, der den Verwaltungsbehörden eingeräumt ist. Bei der Formulierung der zivilrechtlichen Bestimmungen muß daher an alle möglichen Eventualitäten gedacht werden, welche sich vielleicht in Zukunft ereignen könnten.

Wenden wir uns zunächst Anlagen, Einrichtungen, Maschinen und Geräten zu, in denen Kernumwandlungsvorgänge, wirtschaftlich gesehen, in einem größeren Umfange stattfinden, also beispielsweise Reaktoren, welche mit radioaktiven Stoffen betrieben werden, Anlagen oder Einrichtungen, in denen solche Stoffe aufbewahrt oder befördert werden, und Anlagen, in denen verbrauchte derartige Stoffe regeneriert oder unschädlich gemacht werden sollen. Nehmen wir nun an, daß eine solche Anlage explodiert oder eine zur Abschirmung von Strahlen bestimmte Vorrichtung versagt und Strahlungen ins Freie treten. Es würde nun dadurch ein Mensch getötet werden oder an seiner Gesundheit Schaden nehmen oder aber eine Sache beschädigt werden. Wie soll der Inhaber dieser Anlage haften? Es gibt verschiedene Möglichkeiten. Entweder haftet er nach den allgemeinen Regeln der Verschuldenshaftung oder seine Haftpflicht wird verschärft, etwa dadurch, daß man zwar das Prinzip der Verschuldenshaftung aufrechterhält, jedoch die Beweislast hinsichtlich des Verschuldens umkehrt, also den Inhaber der Anlage beweisen läßt, daß ihn kein Verschulden trifft. Es ist aber auch möglich, eine Regelung in der Weise zu treffen, daß man ihn für Zufall bis zur Grenze der höheren Gewalt haften läßt oder aber auch seine Haftpflicht, unbekümmert darum, ob höhere Gewalt vorliegt oder nicht, einführt. Eines ist wohl klar: mit einer gewöhnlichen Verschuldenshaftung kann das Auslangen unter keinen Umständen gefunden werden. Auf dem Papier nimmt es sich zwar sehr schön aus, wenn das Gesetz erklärt, daß der Inhaber einer Anlage für jegliches Verschulden haftet; doch vermöchte ein Geschädigter in der Wirklichkeit fast niemals mit seinen Ansprüchen durchdringen. Atomare Vorgänge können mit den menschlichen Sinnen nicht wahrgenommen werden. Eine Menge von Beweismitteln, welche normalerweise in einem Rechtsstreit zur Verfügung steht, fällt damit von vornherein aus. Ob es möglich wäre, nach Eintritt eines Unglücksfalles ein Verschulden des Betriebsinhabers mittels Sachverständigengutachten nachzuweisen, erscheint wohl mehr als problematisch, zumal auf dem Gebiet der Atomphysik und Atomtechnik noch alles im Flusse ist und man dem Betriebsinhaber, der doch die Anlage meist nicht selbständig errichtet, sondern sie durch andere Firmen errichten läßt, kaum jemals wird ein Verschulden nachweisen können. Dies ist auch der Grund dafür, weshalb in der Regel eine Verschuldenshaftung mit Umkehrung der Beweislast keinesfalls genügen würde. Würde man diese Tatsache nicht beachten, so käme dies vielfach einer Kapitulation der Rechtsordnung gleich, weil sich zwar manche Bestimmungen in der Theorie sehr schön ausnehmen würden, in der Praxis aber für den Geschädigten unüberwindbare Hindernisse bestünden. Das Recht würde sich dann selbst aufgeben.

Innerhalb der Haftungsbestimmungen sind aber Abstufungen je nach der Art und Gefährlichkeit der Schadensquelle notwendig.

Wir gelangen dabei zu einer Unterteilung in vier Gruppen, für welche die Haftpflichtbestimmungen jeweils voneinander abweichen. Aus praktischen Erwägungen ist aber noch eine fünfte Gruppe anzuschließen, welche mit der Umwandlung von Atomkernen nichts zu tun hat, sondern sich lediglich auf die Veränderung der Elektronenhüllen bezieht.

a) 1. Die erste Gruppe umfaßt die Errichtung und den Betrieb von Anlagen, Einrichtungen, Maschinen und Geräten zur Herstellung oder Umwandlung von Kernbrennstoffen, zur Aufbewahrung oder Beförderung von spaltbaren Kernbrennstoffen und zur Verwendung oder Regenerierung bestrahlter spaltbarer Kernbrennstoffe sowie zur Unschädlichmachung von radioaktiven Atomabfallstoffen. Darunter fallen also beispielsweise Reaktoren, in denen Kernbrennstoffe gespalten werden, chemische Anlagen zur Herstellung von Kernbrennstoffen, Anlagen zur Aufbereitung bestrahlter Kernbrennstoffe, Anlagen zur Bewirkung thermonuklearer Reaktionen (z. B. Zetareaktoren, Stellaratoren) und Teilchenbeschleuniger aller Art (z. B. Zyklotrone, Betatrone, Synchrozyklotrone). Die Gefährlichkeit von Anlagen zur Aufbewahrung von Atomabfallstoffen darf keinesfalls übersehen werden, weil mit Kettenreaktionen zu rechnen ist. In allen diesen Fällen muß eine Haftung ohne Rücksicht darauf, ob ein Verschulden des Inhabers der Anlage vorliegt oder nicht, statuiert werden. Einer Diskussion wert erscheint hier die Frage, ob man auch die Haftung für höhere Gewalt einschließen soll oder nicht. Der schweizerische Atomgesetzentwurf läßt unter allen Umständen eine Haftung eintreten, ausgenommen den Fall des Krieges. Der Entwurf der Bundesrepublik Deutschland geht bis zur Grenze der höheren Gewalt. Die Stellungnahme ist nicht einfach. Man denke etwa, vom Kriegsfalle abgesehen, an Ereignisse wie einen Aufruhr, Aufstand, Bürgerkrieg, ein Erdbeben in einem sonst ungefährdeten Gebiet, eine unvorhersehbare Überschwemmung oder den Absturz eines Flugzeuges. Ob man nun dafür eintritt, auch die höhere Gewalt in diese Haftung einzuschließen oder nicht, ein Umstand müßte jedenfalls ausgenommen werden: nämlich der, daß der Geschädigte den Schaden selbst verschuldet hat. Bei einem Teilverschulden würde eine Schadensteilung nach den Bestimmungen des § 1304 ABGB eintreten. Damit, daß man nun den Inhaber einer solchen Anlage in verschärftem Maße haften läßt, ist aber noch nicht allen Eventualitäten

Rechnung getragen. Was soll dann gelten, wenn jemand ohne Zustimmung des Inhabers etwa einen radioaktiven Stoff an sich nimmt? Zunächst erscheint es richtig, in einem solchen Falle die Haftpflicht desjenigen einzuführen, der den Stoff unerlaubterweise an sich genommen hat, wobei er auch für jeden Schaden haften müßte, der sich nicht ereignet hätte, wenn dieser Stoff beim Inhaber verblieben wäre. Aber auch die Haftpflicht des Inhabers der Anlage müßte für das Abhandenkommen eingeführt werden, und zwar je nach der Auffassung, ob höhere Gewalt in die Haftung eingeschlossen werden soll oder nicht, einschließlich der Fälle höherer Gewalt oder bis zu ihrer Grenze. Die gleiche Regelung müßte auch für jenen Fall getroffen werden, in welchem der Inhaber einer Anlage einen radioaktiven Stoff verliert, ohne daß jemand anderer ihn benützt oder an sich nimmt und dadurch der Schaden eintritt. Aber auch für den Fall, daß der Inhaber eines solchen Stoffes jemandem, der hierzu nicht berechtigt ist, den radioaktiven Stoff unerlaubterweise überläßt, müßte die strenge Haftung vorgeschrieben werden, da radioaktive Stoffe infolge ihrer Selbsttätigkeit ohne weiteres Schaden anrichten können.

Wie steht es nun mit dem Inhalt und Umfang des Schadenersatzanspruches? Können wir als Richtlinien die Bestimmungen der übrigen geltenden Haftpflichtgesetze heranziehen, also des Reichshaftpflicht-, Sachschadenhaftpflicht-, Kraftfahrzeugverkehrs- und Luftverkehrsgesetzes und der Einführungsverordnungen zu ihnen? Es empfiehlt sich, den Wortlaut des Atomgesetzes zum Teil diesen Bestimmungen anzupassen, weil bereits eine beträchtliche Judikatur und Literatur vorliegt, welche bei der Auslegung herangezogen werden kann. Demnach wäre im Falle der Tötung der Schadenersatz durch den Ersatz der Kosten einer versuchten Heilung und des Vermögensnachteiles zu leisten, den der Getötete infolge der Aufhebung oder Minderung seiner Erwerbsfähigkeit während der Krankheit erlitten hat. Ferner sind die Kosten der Beerdigung demjenigen zu vergüten, dem die Verpflichtung obliegt, diese Kosten zu tragen. Es muß aber auch auf jene Personen Rücksich genommen werden, denen gegenüber der Getötete auf Grund des Gesetzes unterhaltspflichtig war. In zeitlicher Hinsicht käme es darauf an, wie lange der Getötete während der mutmaßlichen Dauer seines Lebens zu Gewährung des Unterhalts verpflichtet gewesen wäre. Diese Ersatzpflicht würde auch dann eintreten, wenn der Dritte zur Zeit der Verletzung zwar gezeugt, aber noch nicht geboren war. Im Falle der Verletzung des Körpers oder der Gesundheit gilt Ähnliches. Es wären wie nach den anderen Haftpflichtgesetzen die Kosten der Heilung und die Vermögensnachteile zu vergüten, die auf die Minderung oder Aufhebung der Erwerbsfähigkeit des Geschädigten, die Erschwerung seines Fortkommens oder die Vermehrung seiner Bedürfnisse zurückzuführen sind. Der Schadenersatz wegen Aufhebung oder Minderung der Erwerbsfähigkeit, Erschwerung des Fortkommens oder Vermehrung der Bedürfnisse des Verletzten sowie der einem Dritten zu gewährende Unterhalt wäre für die Zukunft in Form einer Geldrente zu leisten. Die Bestimmungen über die Entrichtung dieser Geldrente wären im Interesse des Geschädigten gegenüber den anderen Haftpflichtgesetzen etwas zu ändern. Dieser Verbesserungsvorschlag bezieht sich auf die Möglichkeit, in gewissen Fällen eine Sicherungsexekution zuzulassen. Es sollte demnach die Geldrente jeweils zwar für drei Monate vorausbezahlt werden. Mußte gegen den Ersatzpflichtigen aber wegen eines verfallenen Rentenbetrages schon einmal Exekution geführt werden, so soll der Berechtigte hinsichtlich der innerhalb der nächsten drei Jahre fällig werdenden Rentenbeträge Exekution zur Sicherstellung führen können. Statt der Geldrente sollte der Berechtigte eine Kapitalabfindung zu verlangen berechtigt sein, wenn für ihn ein wichtiger Grund hierfür vorliegt. Bei der Berechnung der Kapitalabfindung wäre die voraussichtliche Lebensdauer des Berechtigten zugrunde zu legen; die Kapitalisierung hätte unter Berücksichtigung der gesetzlichen Zinsen zu erfolgen.

Der Anspruch auf die Geldrente wäre dadurch nicht ausgeschlossen, daß ein Dritter dem Verletzten Unterhalt zu gewähren hat oder tatsächlich gewährt.

Es ergibt sich nun ein weiteres Problem, welches sehr verantwortungsvoll geprüft werden muß. Es handelt sich um die Frage des Schmerzengeldes. Bekanntlich gewähren die bei uns geltenden Haftpflichtgesetze als solche keinen Schmerzengeldanspruch. Ein solcher steht einem Geschädigten nur dann zu, wenn die Voraussetzungen nach dem ABGB erfüllt sind, also im Normalfall, wenn ein Verschulden des für den Schaden Verantwortlichen vorliegt. Als das ABGB in Kraft trat, war die Verschuldenshaftung, von einigen Ausnahmen abgesehen, die Regel und wenn Schadenersatzansprüche geltend gemacht wurden, so konnte normalerweise mit Erfolg auch Schmerzengeld verlangt werden. Nun wurden entsprechend der Entwicklung der Technik besondere Haftpflichtgesetze eingeführt, welche den Grundsatz der gewöhnlichen Verschuldenshaftung durchbrechen und an sich keinen Schmerzengeldanspruch gewähren. Es darf hier aber nicht übersehen werden, daß in einer Vielzahl anderer Haftpflichtfälle tatsächlich die Möglichkeit bestehen wird, ein Verschulden des zur Leistung des Schadenersatzes Verpflichteten nachzuweisen, so daß sich in der Praxis sehr häufig die Möglichkeit ergeben wird, einen Schmerzengeldanspruch mit Erfolg durchzusetzen. Die Eigenart der atomaren Vorgänge ändert aber die Situation grundlegend. Es wird dem Geschädigten fast niemals möglich sein, bei einem Unfall infolge Kernumwandlungsvorgängen ein fremdes Verschulden nachzuweisen. Der Grundgedanke, der dem Gesetzgeber offensichtlich seinerzeit vorschwebte, daß bei körperlicher Schädigung ein Schmerzengeld geleistet werden muß, würde demnach praktisch in nahezu allen Fällen in sein Gegenteil verkehrt werden. Die Revolution, welche die Erkenntnisse der modernen Kernphysik auf physikalischem Gebiet hervorgerufen haben, muß auch für den Gesetzgeber Anlaß zu einer vollständigen Umstellung sein. Es wird daher unbedingt in Betracht gezogen werden müssen, das Schmerzengeld in allen jenen Fällen zu gewähren, in welchen sonstige Schadenersatzansprüche begründet sind. Wir dürfen dabei nicht übersehen, daß die Leiden, denen jemand etwa infolge einer Strahlenschädigung ausgesetzt ist, furchtbare Ausmaße annehmen können. Es ist bekannt, daß die Fortpflanzungsfähigkeit des Menschen durch Strahlungen geschädigt oder sogar vernichtet werden kann. Auch für diesen Fall ist im Gesetz Vorsorge zu treffen. Es erscheint empfehlenswert, die Schädigung der Fortpflanzungsfähigkeit in analoger Weise wie sonstige Leiden zu regeln.

Einer besonderen Erörterung bedarf die Frage, in welcher Höhe Schadenersatz zu leisten ist. Hier können die Haftpflichtgesetze, die den gegenwärtigen Anforderungen zum großen Teil in keiner Weise mehr entsprechen, nicht als Vorbild dienen. Es steht daher bei ihnen auch eine gesetzliche Neuregelung bevor.

Am zweckmäßigsten ist es, Vergleiche mit den Verhältnissen in anderen europäischen Ländern anzustellen. Nach dem westdeutschen Atomgesetzentwurf soll im Falle der Tötung oder Verletzung eines Menschen die Haftung des Ersatzpflichtigen mit DM 100 000,– Kapitalsabfindung oder einem jährlichen Rentenbetrag von DM 6000,– je Person limitiert sein. Der schweizerische Entwurf zu einem Atomgesetz nennt einen Kapitalsbetrag von maximal sfr. 150 000,– je getötete oder verletzte Person. Für Österreich empfehlen sich ähnliche Ziffern. Da die Lebenshaltungskosten hier etwas niedriger sind, könnte ein Kapitalshöchstbetrag von S 400 000,– bis S 500 000,– und ein Jahresrentenhöchstbetrag von S 30 000,– je Person ins Auge gefaßt werden. Der Schmerzengeldanspruch wäre mit etwa S 100 000,– je Person zu begrenzen.

Was die Frage von Sachbeschädigungen betrifft, so muß erwogen werden, daß Sachschäden auch einen enormen Umfang annehmen können. Man denke zum Beispiel an die Vernichtung von Vieh oder Lebensmittelvorräten oder die Verseuchung von Ackergebieten. Es wäre empfehlenswert, als Grundlage für den Schadenersatz den gemeinen Wert der beschädigten Sache zu nehmen, wozu die Kosten für die Beseitigung der von der beschädigten Sache ausgehenden Strahlungsgefahren hinzukommen. Der Ersatz des Liebhaberwertes wird aus finanziellen Gründen wohl kaum zu verantworten sein.

Die Begrenzung der Haftung des Ersatzpflichtigen auf Grund der Bestimmungen des Atomgesetzes ist gerechtfertigt. Denn die finanzielle Leistungfähigkeit auch des größten Unternehmens ist begrenzt und jede Versicherungsgesellschaft, welche einen Haftpflichtversicherungsvertrag abschließt, muß auf der Festlegung einer Höchstgrenze bestehen.

Die Gesamthaftungsziffern werden allerdings sehr hoch liegen müssen. Es wird auch zu berücksichtigen sein, daß sie außer dem Ersatz des tatsächlich eingetretenen Schadens auch die Aufwendungen des Ersatzberechtigten für die Feststellung des Schadens und seiner Ursachen sowie der Kosten für Vergleichsverhandlungen und die Prozeßführung — alles im angemessenen Rahmen — zu umfassen haben. Ein britischer Regierungsentwurf sieht eine Haftungshöchstgrenze von £ 5 000 000,– je Atomanlage vor. Der westdeutsche Gesetzentwurf in seiner letzten Fassung führt zwar keine Haftungsbegrenzung nach außen hin ein, begründet aber eine Freistellungsverpflichtung des Bundes gegenüber dem Haftpflichtigen, soweit dieser aus demselben Ereignis Verpflichtungen von über DM 15 000 000,– hinaus zu erfüllen hat. Eine Höchstziffer für die Haftpflicht nennt der Entwurf nicht. Das Nähere soll durch ein besonderes Gesetz geregelt werden. Es ist aber nicht ausgeschlossen, daß eine Höchstziffer für die Vergütungspflicht des Staates gesetzlich festgelegt werden wird. Der schweizerische Entwurf zu einem Atomgesetz schreibt zur Deckung der Haftpflicht grundsätzlich den Abschluß einer Versicherung vor, welche mit sfr. 20 000 000,– je Atomanlage begrenzt ist, unabhängig von der Anzahl der schädigenden Ereignisse (sog. Abschreibepolizze). Auf dem gleichen Grundsatz beruht auch die Regelung in den Vereinigten Staaten von Amerika. Zwei Versicherungspools (NELIA und NEPIA) nehmen Abschlüsse bis zu $ 50 000 000,– Gesamthaftpflichtsumme je Anlage entgegen, ein weiterer Pool versichert über diesen Betrag hinaus bis zu weiteren ca. $ 11 000 000,– je Anlage. Da aber auch diese Haftungssummen zusammen für den Fall eines Großschadens in keiner Weise ausreichend sind, wurde am 2. Sept. 1957 ein Gesetz erlassen – die sogenannten Anderson-Price Amendments zur Atomic Energy Act –, welches vorsieht, daß die Vereinigten Staaten gegen Zahlung von Gebühren finanzielle Vergütungen in der Höhe bis zu $ 500 000 000,– je Ereignis gewähren, und zwar zusätzlich zu den vorgenannten Leistungen der Versicherungspools. Bei der Abwicklung der Geschäfte bedient sich die Regierung der Vereinigten Staaten der privaten Versicherungsgesellschaften.

In Europa können die Schadensfälle zweifellos die gleichen katastrophalen Ausmaße wie in Amerika erreichen, teilweise noch höhere, weil, von den Großstädten abgesehen, das übrige Land dichter als in vielen Teilen der Vereinigten Staaten von Amerika besiedelt ist. Die finanziellen Möglichkeiten werden aber die Obergrenze für jede Haftung einschließlich der Staatshaftung bilden. Dabei ist grundsätzlich der Lösung des deutschen Gesetzentwurfes, welcher Haftungshöchstgrenzen für jedes einzelne schädigende Ereignis festlegt, der Vorzug vor dem schweizerischen oder britischen Vorschlag zu geben, welche die Haftungsbegrenzung für die Anlage als solche vorsehen, weil der Versicherungsschutz nach Inanspruchnahme eines Teiles der Abschreibepolizze leicht unzulänglich werden kann. Die amerikanische Regelung stellt eine Mischform dar, da die Versicherungpools bis zu den jeweiligen Höchstbeträgen Versicherungsschutz je Anlage zu gewähren haben, während die Staatshaftung auf das einzelne schädigende Ereignis abgestellt ist.

Soweit der Staat für Schäden einzutreten hat, wird ihm ein Regreßrecht gegenüber dem Haftpflichtigen einzuräumen sein, falls diesem Vorsatz oder grobe Fahrlässigkeit zur Last fällt. Dieser Regreßanspruch wird aber dem Staat nicht nur gegenüber den Inhabern, sondern auch gegenüber den Lieferanten und Konstrukteuren von Anlagen, Einrichtungen, Maschinen und Geräten sowie gegenüber jeder anderen Person zuzubilligen sein, welche bei deren Errichtung oder Änderung Arbeitsleistungen erbracht und dabei vorsätzlich oder grob-fahrlässig Fehler begangen hat.

Für das österreichische Recht empfiehlt sich demnach eine Regelung, welche die Haftung auf Grund besonderer Vorschriften des Atomgesetzes der Höhe nach in ihrer Gesamtheit je Ereignis begrenzt. Der Ersatz von Katastrophenschäden, welcher in diesem Rahmen keine Deckung findet, wäre durch den Staat zu leisten.

Die Höchsthaftungssummen, wie sie im deutschen oder schweizerischen Gesetzentwurf enthalten sind und in dieser ungefähren Höhe wohl auch für Österreich in Betracht kommen werden, nehmen sich gegenüber den amerikanischen Ziffern als ungemein niedrig aus, obwohl die Schadensfälle in Europa die gleichen katastrophalen Ausmaße wie in Amerika erreichen können; in Europa mag man teilweise mit noch größeren Schäden rechnen, weil, von den Großstädten abgesehen, das übrige Land dichter als in vielen Teilen der Vereinigten Staaten von Amerika besiedelt ist.

Von dem Haftungshöchstbetrag wird ein bestimmter Teil (etwa zwei Drittel bis drei Viertel) zur Deckung von Personenschäden, der Rest zur Berichtigung von Sachschäden zu verwenden sein. Falls ein Teil nicht voll beansprucht wird, ist er für die Gutmachung der Schäden der anderen Kategorie heranzuziehen.

Sollten die vorgesehenen Höchstbeträge nicht ausreichen, so müßte das Gesetz vorsehen, daß dann die Ansprüche der einzelnen Berechtigten verhältnismäßig gekürzt werden.

Hinsichtlich der Geltendmachung der Ansprüche empfiehlt es sich, auf die Verjährungsvorschriften des AGBG zurückzugreifen, also die dreijährige subjektive Verjährungsfrist von dem Zeitpunkt an gelten zu lassen, in welchem die Person des Ersatzpflichtigen und der Schaden bekannt sind. Außerdem würde die objektive Verjährungsfrist von 30 Jahren bestehen bleiben, da nach dem Stande der heutigen Wissenschaft mit Spätschäden zu rechnen ist, welche erst im Laufe von zwei bis drei Jahrzehnten bekannt werden. Bei Sachschäden könnte die objektive Frist auf 10 Jahre verkürzt werden.

Schweben zwischen Ersatzberechtigtem und Ersatzpflichtigem Verhandlungen über die Leistung des Schadenersatzes, so wäre die Verjährung gehemmt, bis der eine oder andere Teil die Fortsetzung der Verhandlung verweigert. Im übrigen würden die Vorschriften des ABGB über die Verjährung Anwendung finden.

Es liegt im eminenten Interesse des Ersatzpflichtigen, möglichst rasch von einem Schadensfall Kenntnis zu erlangen. Bei schnellem Eingreifen wird sich in vielen Fällen der Schaden vermindern lassen. Es soll daher das Gesetz bestimmen, daß der Ersatzberechtigte die ihm zustehenden Rechte verliert, wenn er nicht spätestens innerhalb von zwei Monaten, nachdem er von dem Schaden und der Person des Ersatzpflichtigen Kenntnis erlangt hat, dem Ersatzpflichtigen den Schaden anzeigt. Der Rechtsverlust würde nicht eintreten, wenn die Anzeige infolge eines vom Ersatzberechtigten nicht verschuldeten Umstandes unterblieben ist oder der Ersatzpflichtige innerhalb der bezeichneten Frist auf andere Weise von den Schaden Kenntnis erlangt hat.

Sind für einen Schaden, der durch Kernumwandlungsvorgänge verursacht wurde, mehrere Personen zum Schadenersatz verpflichtet, so wird vorgeschlagen, sie analog den übrigen Haftpflichtgesetzen zur ungeteilten Hand haften zu lassen. Zwischen den Ersatzpflichtigen untereinander bestünde dann je nach dem Ausmaß ihrer eigenen Verantwortung Regreßpflicht.

Im Hinblick auf die früher erwähnten Spätschäden erweist es sich als notwendig, den Haftungsbetrag je nach der zeitlichen Geltendmachung der Ansprüche in mehrere Gruppen einzuteilen; es müßte ansonsten mit der Auszahlung aller Beträge bis zum Ablauf der 30jährigen Verjährungsfrist zugewartet werden, ein Zustand, der sich als unmöglich erweist. Daher wäre etwa folgende Gliederung zu treffen: Von dem jeweiligen Gesamthaftungsbetrag wären etwa 70 % zur Deckung jener Schäden zu verwenden, welche innerhalb von vier Monaten nach Eintritt des schädigenden Ereignisses dem Ersatzpflichtigen durch Anzeige des Ersatzberechtigten oder auf andere Weise zur Kenntnis gelangt sind.

Weitere 25 % des Gesamthaftungsbetrages sowie der von den vorgenannten 70 % verbliebene, nicht in Anspruch genommene Restbetrag sollte zur Deckung jener Schäden dienen, welche nach Ablauf dieser vier Monate, jedoch innerhalb von drei Jahren nach Eintritt des schädigenden Ereignisses gerichtlich oder außergerichtlich geltend gemacht wurden.

Die restlichen 5 % des Gesamthaftungsbetrages sowie der von den vorgenannten 95 % verbliebene, nicht in Anspruch genommene Restbetrag würde zur Deckung jener Schäden herangezogen werden, welche nach Ablauf dieser drei Jahre, jedoch innerhalb von zehn Jahren nach Eintritt des schädigenden Ereignisses gerichtlich oder außergerichtlich geltend gemacht wurden.

Die Deckung von Schadenersatzforderungen, welche nach zehn Jahren, jedoch innerhalb der 30jährigen Frist erhoben werden sollten, bliebe einer besonderen Regelung vorbehalten, von welcher noch später die Rede sein wird.

Übersteigen die Entschädigungen, die an mehrere Berechtigte auf Grund desselben Ereignisses zu leisten sind, insgesamt den Gesamthaftungsbetrag im Rahmen einer Gruppe, so würden sich die einzelnen Entschädigungen innerhalb jeder Gruppe in jenem Verhältnis verringern, in welchem ihr Gesamtbetrag zu dem auf jede Gruppe entfallenden Betrag steht.

Ein sehr schwieriges Problem entsteht dann, wenn als Ursache eines Schadens mehrere Anlagen, Einrichtungen, Maschinen und Geräte, innerhalb welcher sich Kernumwandlungen abspielen, in Betracht kommen können. In der nächsten Zeit, in welcher deren Anzahl noch gering ist, wird diese Frage wohl noch keine besondere Rolle spielen. Die Situation wird sich aber dann ändern, wenn sich ihre Zahl vermehrt. Es ist ohne weiteres denkbar, daß gleichzeitig von zwei solchen Ausgangspunkten Strahlungen ausgehen, die Schäden anrichten. Wie soll nun der Geschädigte den Kausalitätsnachweis praktisch erbringen? Nimmt er den Inhaber der einen Anlage in Anspruch, so wird dieser mit Recht behaupten können, es sei durch nichts bewiesen, daß der Schaden nicht auch durch die andere Anlage verursacht worden sein könne. Wendet sich der Geschädigte an den Inhaber der zweiten Anlage, so wird sich dieser wieder darauf berufen, daß ebensogut der Schaden durch die erste Anlage hervorgerufen worden sein kann. Ein Kausalitätsbeweis wird dem Geschädigten unmöglich sein und er wird seine Ansprüche unter diesen Umständen niemals durchsetzen können. Sein Recht wird daher bloß in der Theorie bestehen. Will man nicht auf jegliche zivilrechtliche Verantwortlichkeit verzichten, so bleibt keine andere Lösung als die, beide Betriebsinhaber solidarisch für den Schaden haften zu lassen, es sei denn, der eine von ihnen erbringt den Beweis oder macht es zumindest wahrscheinlich, daß der Schaden durch seine Anlage nicht hervorgerufen worden sein kann.

Es ist interessant, in diesem Zusammenhang festzustellen, daß das österreichische Recht bereits ähnliche Vorschriften kennt. Gemeint ist zunächst die Bestimmung des § 157 StG. Wird jemand körperlich schwer verletzt und läßt sich nicht erweisen, wer die schwere Verletzung zugefügt hat, so ist jeder, der an den Mißhandelten Hand angelegt hat, strafrechtlich voll verantwortlich, auch wenn nicht bewiesen werden kann, wer die schwere Verletzung zugefügt hat. Der Zweck des Gesetzes ist klar. Bei Vorgängen, die sich mit großer Geschwindigkeit abspielen, läßt sich eben praktisch oft nicht der Nachweis erbringen, von welchem der mehreren Beteiligten die schädigende Handlung ausgegangen ist. Dem Gesetzgeber bleibt in diesem Fall keine andere Wahl als die, die Vermutung aufzustellen, daß alle jene, von denen der Schaden ausgegangen sein kann, als Täter in Frage kommen. Erwähnenswert ist auch eine Min.-Vo. vom 30. 1. 1860, RGBl. 28/1860. Wenn Tiere mehrerer Eigentümer in einer gemeinschaftlichen Herde weiden und Tiere dieser Herde Schäden anrichten, ohne daß sich feststellen läßt, welche Tiere den Schaden verursacht haben, so haften alle Tiereigentümer solidarisch. Dieser Gedanke gilt in um so verstärktem Maße für Schäden aus Kernumwandlungsvorgängen, weil hier der Nachweis der Kausalität noch unvergleichlich schwieriger zu erbringen ist. Ähnliche Erwägungen finden wir aber auch noch im Entwurf zur österreichischen Wasserrechtsnovelle 1958. Nach § 27, Abs. 5 dieses Entwurfes sollen bei Schäden durch Gewässerverunreinigung alle in Betracht kommenden Einbringer zur ungeteilten Hand haften, falls der Urheber nicht festgestellt werden kann. Es bleibt jedem Einbringer jedoch überlassen, seinerseits die Unwahrscheinlichkeit der Schadensverursachung durch ihn darzutun.

Würde es an einer solchen Bestimmung fehlen, so könnte der Geschädigte kaum jemals den Nachweis erbringen, in welchem Verhältnis die einzelnen Schädiger den Schaden herbeigeführt haben. Denn in der Regel wird ein Schaden, der durch Verunreinigung eines Gewässers entstanden ist, das Ergebnis einer Einbringung durch alle in Betracht kommenden Anlagen sein. Eine allgemeine Haftungsvorschrift, wie sie § 830 des Deutschen bürgerlichen Gesetzbuches für den Fall einer gemeinschaftlich begangenen unerlaubten Handlung aufstellt, wobei sich nicht ermitteln läßt, wer den Schaden verursacht hat, fehlt im österreichischen bürgerlichen Recht.

Die besonders verschärfte Haftung der Inhaber von Anlagen, Einrichtungen, Maschinen oder Geräten wird sich nicht nur auf deren Betrieb erstrecken können. Es wird auch ihre Herstellung oder die Änderung ihrer Art oder ihres Zweckes unter die besonderen Haftungsbestimmungen fallen müssen, weil auch hierbei gleichartige Schäden wie beim Betrieb eintreten können.

Soll das Gesetz besonders sorgfältig formuliert sein, so wird es sich empfehlen, den Begriff des „Betriebes“ näher zu umschreiben, um Auslegungsschwierigkeiten nach Möglichkeit zu vermeiden. Soll man unter Betrieb nur das normale Funktionieren verstehen oder soll darunter auch ein regelwidriger Vorgang verstanden werden? Wie steht es mit Reparaturarbeiten, wenn bei diesen ein Unglücksfall geschieht? Was soll von Vorbereitungshandlungen gelten, etwa der Heranschaffung von Kernbrennstoffen zur Anlage? Um solchen Zweifelsfällen zu begegnen, erscheint es zweckmäßig, daß das Gesetz eine eigene Begriffsbestimmung für „Betrieb“ schafft, welche etwa wie folgt zu lauten hätte: „Betrieb einer Anlage, einer Einrichtung, einer Maschine oder eines Gerätes ist jedes ordnungsgemäße oder nichtordnungsgemäße Tätigsein eines derartigen Gegenstandes oder jede Verwendung eines solchen einschließlich von Instandhaltungs- und Instandsetzungsarbeiten an ihm sowie von Versuchs- und Kontrollhandlungen zuzüglich aller Vorbereitungs- und Hilfsmaßnahmen im unmittelbaren räumlichen Bereiche dieses Gegenstandes.“ Damit ist vieles klargestellt, was sonst zu manchem langwierigen Prozeß Anlaß geben könnte.

Es spielt aber noch eine weitere Haftungsfrage eine Rolle, mit der wir uns beschäftigen müssen. Es ist dies die Frage nach der Haftung von Lieferanten von Anlagen, Einrichtungen, Maschinen und Geräten sowie von Personen, welche an der Konstruktion eines solchen Gegenstandes oder seiner Änderung mitgewirkt, radioaktive Stoffe geliefert oder Arbeitsleistungen erbracht haben. Wie soll die Haftung dieser Personen beschaffen sein? Es leuchtet ein, daß an jene Personen, welche an der Errichtung oder Konstruktion einer Kernumwandlungsanlage mitwirken, ganz besonders strenge Voraussetzungen gestellt werden müssen und sie eine überaus große Verantwortung trifft. Denn jeder Fehler bei der Konstruktion oder bei der Errichtung kann katastrophale Folgen nach sich ziehen. Nun wäre der Gedanke naheliegend, auch solche Personen über den Rahmen der Verschuldenshaftung hinaus haften zu lassen. Eine solche Haftung ginge aber zu weit, vor allem deshalb, weil sich kein Versicherungsschutz herstellen ließe. Es würde sich sogar empfehlen, diese Lieferanten, Konstrukteure u. a. Personen — vom Falle der vorsätzlichen Schädigung abgesehen — nur dem Inhaber der Anlage gegenüber haften zu lassen, falls der Versicherer des Inhabers auch die von ihnen verschuldeten Schäden in seine Deckungspflicht miteinbezieht. Ersatzansprüche aus einem Konstruktions- oder Baufehler würde auch sonst normalerweise nur der Inhaber der Anlage stellen können, da der außenstehende Geschädigte wohl nur bei Übertretung besonderer Schutzvorschriften oder bei ausgesprochen deliktischem Verhalten unmittelbar Ansprüche geltend machen könnte. Die Regel, daß grundsätzlich nur der Inhaber der Anlage gegenüber dem Lieferanten, Konstrukteur usw. ersatzberechtigt sein soll, reicht in der Praxis vollständig hin, wenn der außenstehende Dritte gegenüber dem Inhaber der Anlage seine Forderungen auf Grund der verschärften Haftungsbestimmungen geltend machen kann.

Da der Inhaber einer Anlage in der Regel nicht über die finanziellen Mittel verfügen wird, um mögliche Schäden zu regeln, wird, wie erwähnt, das Gesetz den Abschluß eines Haftpflichtversicherungsvertrages zwingend vorschreiben müssen, soferne der Inhaber nicht ausnahmsweise in einem konkreten Fall tatsächlich über die erforderlichen finanziellen Mittel verfügt. Um den Abschluß der Versicherung nicht zu einer mehr oder minder theoretischen Angelegenheit zu machen, wird das Gesetz auch bestimmen müssen, daß der Versicherer in Österreich seinen Sitz haben und in der Lage sein muß, finanzielle Leistungen bis zur Höhe der vorgeschriebenen Versicherungssumme zu erbringen. Wer mit Autoverkehrsunfällen beruflich zu tun hat, weiß, wie schwierig es ist, dem Geschädigten zu seinem Recht zu verhelfen, wenn der Unfall durch ein Fahrzeug hervorgerufen wurde, das im Ausland versichert ist. Um wieviel schwieriger muß es bei einem Schaden sein, der durch Kernumwandlungsvorgänge hervorgerufen wurde, weil hier in der Regel mit unvergleichlich höheren Schadensbeträgen zu rechnen ist. Freilich wird eine östereichische Versicherungsgesellschaft allein wohl kaum in der Lage sein, Atomversicherungen abzuschließen. Es werden sich daher mehrere inländische Gesellschaften zusammenschließen und auch mit ausländischen Gesellschaften eine Gemeinschaft eingehen müssen.

Von dieser Versicherungspflicht werden aber einige Ausnahmen zu machen sein. Zunächst wird man die Republik Österreich von der Versicherungspflicht ausnehmen können, weil ihr Vermögen hinlänglich Sicherheit bietet. Es wird aber die Aufsichtsbehörde ganz allgemein in allen jenen Fällen von der Versicherungspflicht ganz oder teilweise befreien können, in denen der Haftpflichtige eine andere gleichwertige Sicherheit leistet. Fällt diese Sicherheit später ganz oder teilweise weg, so hat der Haftpflichtige für den Ausfall eine den Bestimmungen des Gesetzes entsprechende Haftpflichtversicherung abzuschließen.

Wer als Dienstnehmer bei einer Kernumwandlungsanlage oder -einrichtung beschäftigt ist oder mit einer Kernumwandlungsmaschine oder einem Kernumwandlungsgerät zu tun hat und dabei einen Betriebsunfall erleidet oder sich eine Berufskrankheit zuzieht, wird von den allgemeinen Haftpflichtbestimmungen hinsichtlich eines Personenschadens auszunehmen sein, da er von seiten der Sozialversicherungsanstalt Leistungen erhält. Diese Ausnahmeregelung deckt sich auch mit dem geltenden Sozialversicherungsrecht.

Es wurde vorhin erwähnt, daß Schäden auch durch eine unrichtige Konstruktion oder den unrichtigen Bau von Anlagen, Einrichtungen, Maschinen oder Geräten hervorgerufen werden können und in diesen Fällen die Schuldtragenden deren Inhabern, in manchen Fällen vielleicht auch außenstehenden Geschädigten verantwortlich sind. Schäden können aber auch noch anderweitig verschuldet werden. Es kann nämlich auch der Staat mitverantwortlich sein. Die Errichtung, der Betrieb oder die Änderung von Zweck und Art einer Anlage, Einrichtung, Maschine oder eines Gerätes werden selbstverständlich an eine staatliche Bewilligungspflicht geknüpft werden müssen. Aufgabe des Staates wird es sein, dafür Sorge zu tragen, daß alles Erforderliche geschieht, um die Sicherheit zu gewährleisten.

Es kann sich der Fall ergeben, daß der Inhaber der Bewilligung allen vorgeschriebenen Bedingungen und Auflagen entsprochen hat, es sich aber herausstellt, daß die vom Staate vorgeschriebenen Maßnahmen ungeeignet oder unzureichend waren, um eine Gefahr für Personen oder Sachen auszuschließen. Kann die Gefahr nicht unverzüglich beseitigt werden, so muß die Aufsichtsbehörde den Widerruf aussprechen. Hier entsteht nun die Frage, ob der bisherige Inhaber der Bewilligung gegenüber dem Staat Ersatzansprüche stellen kann, weil trotz Befolgung aller ihm vorgeschriebenen Anordnungen ein Widerruf erfolgt ist. Dem Problem kann eine ganz beträchtliche finanzielle Bedeutung zukommen. Man sollte hier zwei Fälle unterscheiden. Es mag sein, daß trotz gewissenhafter Prüfung der Sachlage durch die Behörde kein Verschulden ihrerseits vorliegt, weil es etwa an der nötigen Erfahrung gefehlt hat oder Berechnungen des Konstrukteurs sich als unrichtig herausgestellt haben. In einem solchen Fall wird von einem Verschulden der Behörde keine Rede sein können.

Anders aber liegt der Fall dann, wenn etwa Dinge unterblieben sind, die bei entsprechender Aufmerksamkeit nicht hätten außer acht gelassen werden dürfen. Dann trifft die Behörde ein Verschulden. Es erscheint gerechtfertigt, eine Schadensersatzklage gegen den Staat zu gewähren. Da der Fall Ähnlichkeit mit den Amtshaftungsfällen besitzt, hätte sich das Verfahren nach den Bestimmungen des Amtshaftungsgesetzes zu richten. Es wird immer darauf ankommen, wie der Stand der Wissenschaft und Technik im Zeitpunkt der Erteilung der Bewilligung war.

Schäden, welche durch Kernumwandlungsvorgänge hervorgerufen werden, brauchen nicht innerhalb der Grenzen des Staatsgebietes zu liegen. Es ist ohne weiteres möglich, daß sie im Ausland eintreten, um so mehr als Österreich ein kleines Land ist. Es tauchen damit im Zusammenhange verschiedene Fragen des internationalen Privatrechtes auf, welches wir ohne weiteres internationales Atomprivatrecht nennen können. Nehmen wir den Fall an, daß durch einen Schaden an einem österreichischen Reaktor ein Ausländer in einem Nachbarland Schaden erleidet. Welche Ansprüche soll er gegenüber dem Inhaber der Anlage geltend machen können? Sollen sich seine Ansprüche nach den besonderen Bestimmungen des Atomgesetzes richten oder soll er seine Ansprüche nur nach den allgemeinen Vorschriften des bürgerlichen Rechtes stellen können, welche durch das Atomgesetz in keiner Weise berührt werden? Die zivilrechtlichen Vorschriften des Atomenergiegesetzes schaffen für den Geschädigten ganz erhebliche Begünstigungen, welche sich sowohl auf Voraussetzung, Art und Umfang der Ansprüche beziehen, als auch das Ausmaß der Haftung betreffen und vor allem ganz erhebliche Erleichterungen hinsichtlich der Beweislast zur Folge haben. Soll nun ein Ausländer auch in den Genuß dieser Begünstigung kommen? Die zweckmäßigste Lösung ist wohl die, daß man einem Ausländer die begünstigte Stellung nur insoweit einräumt, als sein Staat österreichischen Staatsbürgern die gleichen Rechte gewährt. Dieselbe Bestimmung sollte in jenem Fall gelten, in welchem ausländische Staatsbürger in Österreich Schäden durch eine in Österreich befindliche Anlage erleiden. Staatenlose Personen waren österreichischen Staatsbürgern gleichzustellen.

Ist ein Schaden eingetreten, so muß alles darangesetzt werden, weitere Schadensfälle in Zukunft zu verhindern. Das Gesetz gibt allerdings der Aufsichtsbehörde die Möglichkeit, hier wirksam einzugreifen. Die Erfahrung zeigt aber, daß der Verwaltungsweg oft umständlich ist. Außerdem besitzt der Geschädigte selbst im Verwaltungsverfahren nicht Parteistellung und kann der Verwaltungsbehörde nur Anregungen unterbreiten. Um dem Geschädigten einen unmittelbaren Einfluß auf die Verhinderung künftiger Schäden zu gewähren, soll ihm das Gesetz einen Unterlassungsanspruch einräumen. Wer auf Grund des Atomgesetzes eine Schadenersatzforderung zu stellen berechtigt ist, soll auch die Unterlassung der Errichtung, des Betriebes oder der Änderung von Zweck und Art einer Anlage, Einrichtung, Maschine oder eines Gerätes fordern können. Der Anspruch auf Unterlassung umfaßt auch das Recht, die Beseitigung des den Vorschriften des Gesetzes widerstreitenden Zustandes zu verlangen. Die Sicherheit geht allem vor. Mag eine Atomanlage wirtschaftlich noch so bedeutungsvoll sein, es muß alles geschehen, um künftigen Schadensfällen vorzubeugen. Der

Inhaber der Anlage hat es in der Hand, durch Verbesserungsmaßnahmen einen Zustand zu schaffen, welcher weitere Gefährdungen ausschließt, so daß er den Betrieb dann unbehindert fortführen kann.

Dieser Vorschlag einer gesetzlichen Regelung weicht bewußt von dem Entwurf des Atomgesetzes für die Deutsche Bundesrepublik ab. Dieser enthält nämlich die Bestimmung, daß Unterlassungsansprüche ausgeschlossen sind, wenn eine Anlage behördlich genehmigt wurde. Wer geschädigt ist, soll nur Ersatzansprüche geltend machen können. Die Auswirkungen einer solchen gesetzlichen Anordnung sind unabsehbar.

2. Im engen Zusammenhang mit den zivilrechtlichen Sonderbestimmungen eines Atomenergiegesetzes stehen auch noch gewisse prozessuale Fragen, zum Teil ähnlich den Bestimmungen anderer Haftpflichtgesetze. Es soll für Klagen, die auf Ersatz von Schäden durch Kernumwandlungsvorgänge gerichtet sind, nur das Landesgericht in der Landeshauptstadt jenes Bundeslandes zuständig sein, von welchem das schädigende Ereignis seinen Ausgang genommen hat. Es sollte aber diese Zuständigkeitsbestimmung nicht darauf beschränkt werden, daß sich die Klage auf die Sonderbestimmungen des Atomenergiegesetzes stützt, sondern sie sollte allgemein für alle Klagen auf Grund derartiger Schäden zugelassen werden, also auch dann, wenn die Klage auf die generellen Bestimmungen des bürgerlichen Rechtes gegründet wird. Der Wortlaut der Bestimmungen der anderen Haftpflichtgesetze ist in dieser Hinsicht zu eng und war bis zu einer Entscheidung des Obersten Gerichtshofes, die vor nicht langer Zeit ergangen ist, strittig. Solche Streitfragen können aber leicht vermieden werden, wenn sich das Gesetz eindeutig ausdrückt.

Eine andere verfahrensrechtliche Bestimmung, die vordringlich erscheint, bezieht sich auf einstweilige Verfügungen. Als Sicherungsmittel wäre insbesondere auch die Ermächtigung der gefährdeten Partei, den dem Gesetz widerstreitenden Zustand auf Kosten des Antragsgegners zu beseitigen, anzuführen. Ferner wäre die Bestimmung der Exekutionsordnung für unanwendbar zu erklären, daß durch Erlag einer Kaution eine einstweilige Verfügung außer Kraft gesetzt werden kann. Angesichts der besonders großen Gefahr, die mit Kernumwandlungsvorgängen verbunden ist, ist die Gesundheit der Bevölkerung höher als jeder noch so große Geldbetrag zu stellen.

Ferner wäre eine einstweilige Verfügung zur Sicherung der Unterlassungs- und Beseitigungsansprüche bereits dann zuzulassen, wenn bloß der Anspruch bescheinigt ist. Auf die Notwendigkeit, die Gefahr zu bescheinigen, kann verzichtet werden, weil die Schädigungsmöglichkeit als gerichtsbekannt vorauszusetzen ist. Es liegt bei diesem Vorschlag einer gesetzlichen Regelung eine gewisse Analogie zu den Bestimmungen des Gesetzes gegen den unlauteren Wettbewerb vor.

Für einstweilige Verfügungen, welche zur Sicherung von Schadenersatz-, Unterlassungs- oder Beseitigungsansprüchen infolge von Kernumwandlungsvorgängen beantragt werden, soll ebenfalls nur das oben erwähnte Landesgericht zuständig sein.

b) Die bisherigen Überlegungen galten für Kernumwandlungsvorgänge, die, wirtschaftlich gesehen, in großem Umfange stattfinden. Nun muß man aber auch an Fälle denken, in denen solche Anlagen nur in kleinem Umfang betrieben werden, etwa zu Studien- oder Forschungszwecken. Die zivilrechtlichen Sonderbestimmungen des Atomenergiegesetzes werden zwar im allgemeinen die gleichen bleiben müssen, doch wird es zulässig sein, für diese zweite Gruppe von Fällen die Gesamthaftungsziffern je nach der Größe der Gefahrenquelle entsprechend herabzusetzen, wobei auch dem Standort Bedeutung zukommen wird.

c) Eine dritte Gruppe umfaßt jene Anlagen, Einrichtungen, Maschinen und Geräte, für welche die Verwendung nur sehr geringer radioaktiver Substanzen kennzeichnend ist, so daß die strengen Bestimmungen des Atomenergiegesetzes erheblich erleichtert werden können. Beispiele hierfür sind die Verwendung radioaktiver Substanzen für Durchleuchtungs- und Bestrahlungszwecke in der Medizin, Biologie, Landwirtschaft, Technik, Metallurgie usw.

In allen diesen Fällen werden — wirtschaftlich gesehen — nur ganz minimale Mengen radioaktiver Substanzen benötigt. Die Gefahren, welche entstehen können, sind damit praktisch erheblich begrenzt. Es ist nicht notwendig, hier eine Haftung über das Verschulden des Inhabers hinaus einzuführen. Wohl aber wäre es wegen der Schwierigkeit, die mit dem Nachweis des Verschuldens verbunden sind, empfehlenswert, ähnlich wie es der deutsche Entwurf vorsieht, in diesen Fällen eine Umkehr der Beweislast eintreten zu lassen. Es würde also der Inhaber haften, soferne er nicht beweist, daß er und die allenfalls für ihn tätigen Personen jede nach den Umständen des Falles gebotene Sorgfalt beobachtet haben oder daß ein Selbstverschulden des Geschädigten vorliegt.

Benützt oder nimmt jemand ohne Zustimmung des Inhabers einen radioaktiven Stoff, eine Sache oder einen Teil einer Sache, in der sich ein solcher befindet, an sich, so soll er mit dem Inhaber zur ungeteilten Hand in gleicher Weise wie dieser haften. Die Ersatzpflicht des Inhabers würde nur dann nicht eintreten, wenn er beweist, daß er und die allenfalls für ihn tätigen Personen jede nach den Umständen des Falles gebotene Sorgfalt beobachtet haben oder daß ein Selbstverschulden des Geschädigten besteht. Wer den Gegenstand oder einen Teil eines solchen benützt oder an sich nimmt, ohne hierzu berechtigt zu sein, soll überdies auch für jeden Schaden haften, der sich nicht ereignet hätte, wenn der Gegenstand oder sein Teil beim Inhaber verblieben wäre, mag der Schaden auch unabwendbar gewesen sein. In analoger Weise soll der Inhaber eines radioaktiven Stoffes, einer Sache oder eines Teiles einer Sache, in der sich ein solcher befindet, haften, wenn er ihn verloren hat, ohne daß ihn jemand anderer benützt oder an sich genommen hat. Die Ersatzpflicht des Inhabers würde nur dann nicht eintreten, wenn er den Entlastungsbeweis wie im Falle der Überlassung an einen Nichtberechtigten erbringt.

Eine weitere Abweichung ergibt sich hinsichtlich der Haftungshöchstbeträge. Da es sich durchwegs um wesentlich geringere Gefahrenquellen handelt, kann die Gesamthaftungshöchstgrenze erheblich herabgesetzt werden. In Betracht käme etwa eine Ziffer von S 2 500 000,– bis S 3 000 000,–. Von der Art und dem Gesamtausmaß der Haftung abgesehen würden aber für die zu dieser Gruppe zählenden Fälle jene Bestimmungen unverändert gelten, welche für die erste Gruppe genannt wurden.

d) Von der in Punkt 3 aufgestellten Regel, daß den Ersatzpflichtigen die Beweislast für den Ausschluß des Verschuldens trifft, wäre grundsätzlich eine Ausnahme zu machen, welche sich auf Ärzte, Zahnärzte oder Tierärzte sowie das ärztliche Hilfspersonal bezieht. Ein Arzt handelt oft in einer Zwangslage und muß den Versuch unternehmen, um einen Patienten zu retten. Es besteht auch oft nicht die Möglichkeit, einen Patienten zu fragen, ob er mit irgendeiner Behandlungsmethode einverstanden ist, beispielsweise wenn er bewußtlos ist. Man kann auch häufig nicht die Stellungnahme der Angehörigen einholen. Wenn die gewissenhafte Erfüllung der Pflicht die Anwendung radioaktiver Substanzen rechtfertigt, so soll es bei einer normalen Verschuldenshaftung des bürgerlichen Rechtes mit normaler Verteilung der Beweislast bleiben. Eine Verschärfung des Gesetzes könnte in einem solchen Fall eine Heilungsmöglichkeit in Frage stellen. Was vom Umgang mit radioaktiven Stoffen durch Ärzte, Zahnärzte oder Tierärzte gilt, kann aber nicht für den Fall zur Anwendung kommen, daß eine zu diesem begünstigten Kreis gehörige Person jemandem Nichtberechtigten einen solchen Stoff überläßt oder ihn verliert. Hier müßte dieselbe verschärfte Haftung wie in allen zur dritten Gruppe gehörigen Fällen eintreten, weil es sich dabei um Vorgänge handelt, welche mit der medizinischen Anwendung als solcher nichts zu tun haben.

Die verminderte Haftung des Inhabers wird aber auch dann in Frage kommen, wenn jemand anderer mit seinen radioaktiven Stoffen zu beruflichen, wissenschaftlichen oder Studienzwecken umgeht und sich daher der Gefahr bewußt ist, welcher er sich aussetzt.

e) Eine letzte Gruppe bilden schließlich jene Fälle, welche ausschließlich die aus Atomhüllen freiwerdende Energie betreffen, ohne daß hierbei gleichzeitig dem Kern Energie entströmt. Infolge der Verwandtschaft solcher Strahlungen, insbesondere der Röntgenstrahlen, mit der Gammastrahlung empfiehlt sich für sie eine ähnliche Haftungsregelung wie für radioaktive Stoffe. Allerdings sind verschiedene Einschränkungen notwendig, welche durch das Fehlen einer selbsttätigen Strahlung und die viel geringere Schadensmöglichkeit bedingt werden. Hierzu gehört in erster Linie der Umstand, daß eine Umkehr der Beweislast bei Schadenseintritt nicht notwendig ist, ferner die Ermächtigung, die Gesamthaftungsziffern herabzusetzen, und zwar noch unter das Ausmaß, welches für die Gruppe 3 gilt.

Schließlich sei noch der Hinweis gestattet, daß die Bestimmungen über die Haftpflicht zwingendes Recht sein müßten. Es wäre sonst denkbar, daß durch vertragliche Vereinbarung die Haftungsvorschriften gemildert oder außer kraft gesetzt werden könnten. Um dem vorzubeugen, wird das Gesetz ausdrücklich bestimmen müssen, daß Vereinbarungen, durch welche die Haftpflicht nach diesem Gesetz aufgehoben oder eingeschränkt wird, nichtig sind.

C. Strafrecht; Strafverfahren

a) Die strafrechtlichen Schutzbestimmungen bezwecken eine Ergänzung der verwaltungsrechtlichen und zivilrechtlichen Sondervorschriften. Angesichts der großen möglichen Gefahren, welche eine mißbräuchliche Verwendung der Atomenergie mit sich bringt, kann auf strafrechtliche Sonderbestimmungen unter keinen Umständen verzichtet werden. Man wird mehrere Gruppen solcher Strafbestimmungen schaffen müssen. Zunächst handelt es sich um die Übertretung von Ordnungsvorschriften, die an sich noch keine konkrete Gefährdung mit sich zu bringen braucht. Dabei ist an die Nichteinhaltung der Bestimmungen über die Erteilung von Bewilligungen gedacht, sei es, daß eine bewilligungspflichtige Tätigkeit ohne Bewilligung entfaltet, sei es daß eine erteilte Bewilligung unerlaubterweise überschritten wird. Die Schuldform ist entweder Vorsatz oder Fahrlässigkeit. Gleichgültig, ob eine konkrete Gefährdung besteht oder nicht, wird es empfehlenswert erscheinen, die Ahndung dieser Zuwiderhandlungen nicht den Verwaltungsbehörden zu überlassen, sondern auf jeden Fall die gerichtliche Zuständigkeit zu schaffen. Es gibt keine menschliche Tätigkeit, welche eine solche Gefahr nach sich ziehen kann wie die Verwendung von Kernenergie. Jeder, der mit ihr umgehen will, muß wissen, daß er sich einer strengen Strafe aussetzt, wenn er auch nur das Geringste ohne Erlaubnis tut. Allein das Strafgericht ist in der Lage, der Strafdrohung entsprechend Nachdruck zu verschaffen. Es bildet auch keinen Unterschied, ob der Umgang mit radioaktiven Stoffen ohne Bewilligung erfolgt, ob Auflagen, welche die Behörde erteilt hat, nicht oder unvollständig erfüllt werden oder ob der Buchführungs- und Meldepflicht nicht entsprechend Folge geleistet wird. Selbstverständlich wird ein vorsätzliches Zuwiderhandeln schärfer als eine Fahrlässigkeit bestraft werden müssen und die Herbeiführung einer Gefahr oder gar eines Schadens wird entsprechend strenger geahndet werden müssen, als wenn es bei einer bloßen Zuwiderhandlung ohne Eintritt einer Gefährdung oder eines Schadens bleibt. Es wird aber auch zu unterscheiden sein, ob sich die strafbare Handlung oder Unterlassung auf Kernbrennstoffe oder bloß auf radioaktive Stoffe, die nicht als Kernbrennstoffe Verwendung finden können, erstreckt. Ferner werden Differenzierungen nach dem Ausmaße der Gefahr oder des Schadens vorzunehmen sein. Bei vorsätzlichem Mißbrauch von Atomenergie, welcher eine Gefahr für das Leben, den Körper oder die Gesundheit von Menschen oder in größerem Umfang für Sachen oder ihre Verwendbarkeit herbeiführt, wird eine langjährige schwere Kerkerstrafe angemessen sein. Das Strafausmaß wird sich erhöhen, wenn ein Schaden tatsächlich eingetreten ist. Sollte aber hieraus gar der Tod eines Menschen erfolgt sein, wird die höchstzulässige Strafe, das ist also derzeit lebenslanger schwerer Kerker, zu verhängen sein. Denn dann liegt der Tatbestand des Mordes vor (z. B. eines „Strahlenmordes").

Ähnlich dem Sprengstoffgesetz wird aber das Atomgesetz auch noch einige weitere Sondertatbestände schaffen müssen. So werden auch bloße Vorbereitungshandlungen, welche noch nicht in das Versuchsstadium getreten sind, als strafbar zu erklären sein. Als weiterer eigener Tatbestand wird das Komplott und schließlich auch die öffentliche Aufreizung zur Begehung bestimmter strafbarer Handlungen durch mißbräuchliche Verwendung der Atomenergie unter Strafe zu stellen sein. Andererseits wird das Gesetz im Interesse der Aufdeckung von Vorbereitungs- oder Versuchshandlungen oder von Komplotten und anderen Delikten im Falle der tätigen Reue großzügig sein müssen; dies sogar dann, wenn ein Schaden bereits eingetreten ist. Hat der Täter den Schaden erheblich vermindert, so wird ein solches Verhalten wenn nicht als Strafaufhebungs-, so doch als wesentlicher Milderungsgrund in Betracht zu ziehen sein. Man darf eben nicht übersehen, daß es kein Gebiet menschlicher Tätigkeit gibt, auf dem eine Verhinderung oder Milderung eines Schadens gleich wichtig ist wie hier; denn der Schaden kann ins Unermeßliche gehen.

Es könnte die Frage aufgeworfen werden, ob denn die Vorschriften des Sprengstoffgesetzes nicht ausreichen und die Schaffung eigener atomrechtlicher Straftatbestände überflüssig ist. Sie muß verneint werden. Das Sprengstoffgesetz bezieht sich auf chemische Sprengstoffe. Eine analoge Anwendung auf andere Sprengstoffe ist nach allgemeinen strafrechtlichen Grundsätzen über das Analogieverbot ausgeschlossen. Die atomaren Sprengstoffe sind von den chemischen Sprengstoffen ihrer Natur nach grundsätzlich verschieden, da bei chemischen Sprengvorgängen lediglich Änderungen in den äußeren Bereichen von Atomhüllen vor sich gehen, während bei atomaren Explosionen die Atomkerne selbst Umwandlungen unterworfen sind. Die atomaren Bindungskräfte, welche die einzelnen Bausteine des Atoms zusammenhalten, sind um ein Millionenfaches stärker als die chemischen Kräfte, so daß atomare Sprengwirkungen chemische um ein Millionenfaches an Wirkung übertreffen. Dazu kommt aber noch, daß der Mißbrauch der Kernenergie keineswegs durch Herbeiführung einer Explosion vor sich gehen muß, vielmehr enorme Schäden auch durch nichtexplosive Strahlungsvorgänge hervorgerufen werden können. In der Praxis wird sogar ein Strahlungsschaden viel häufiger als ein Explosionsschaden sein. Aus diesen Gründen sind eigene atomrechtliche Straftatbestände notwendig.

Damit ist aber noch nicht allen Erfordernissen entsprochen. Weitere Sondertatbestände werden sich mit dem Schutz von Geschäfts- und Betriebsgeheimnissen zu befassen haben. Die Vorschriften gegen Geheimnisverletzungen sind im österreichischen Strafgesetz äußerst mangelhaft. Personen, welche bei einer Behörde tätig sind, die mit Atomangelegenheiten befaßt ist, wird daher die Beobachtung von Geschäfts- und Betriebsgeheimnissen zur Pflicht gemacht werden müssen. Die bestehenden Bestimmungen über den Mißbrauch der Amtsgewalt sind völlig unzureichend. Es wird aber auch darauf Bedacht zu nehmen sein, daß auf Grund internationaler Abkommen Unterlagen für die Anwendung von Atomenergie geliefert werden, welche geheimzuhalten sind. Um nun die Geheimhaltung zu gewährleisten, wird ein eigener Tatbestand die Verletzung der Geheimhaltungspflicht unter Strafsanktion zu stellen haben. Schließlich wird noch zu erwägen sein, ob nicht auch eine fahrlässige Tätigkeit anläßlich der Lieferung radioaktiver Stoffe oder der Erbringung von Sach- oder Arbeitsleistungen für die Errichtung oder Instandsetzung einer Atomanlage oder eines Atomgerätes als strafbar zu erklären ist, wenn durch diese Fahrlässigkeit eine Gefahr oder ein Schaden für Menschen oder für Sachen herbeigeführt wird. Die bestehenden Vorschriften des Strafgesetzes sind für solche Fälle unzureichend. Es darf nicht übersehen werden, daß jede geringste Nachlässigkeit fürchterliche Folgen nach sich ziehen kann. Daß Vorsatz entsprechend schärfer, je nach der Sachlage mit der höchstzulässigen Strafe, zu ahnden sein wird, versteht sich von selbst.

Abgesehen von Strafen wird das Gesetz noch verschiedene Nebenstrafen und Sicherungsmaßnahmen vorsehen müssen. Hierzu zählen die Polizeiaufsicht von zeitlich begrenzter oder unbegrenzter Dauer, die Landesverweisung oder Abschaffung von Ausländern und der Verfall von Gegenständen, auf die sich eine strafbare Handlung oder Unterlassung bezieht oder die zu ihrer Begehung verwendet wurden. Jede Verfallserklärung stellt sich aber als Enteignung dar. Enteignungen sollen nicht blindlings erfolgen. Das Enteignungsrecht des Staates muß sich in gewissen Grenzen halten und soll nur in jenen Fällen Platz greifen, welche es vom moralischen Standpunkt aus rechtfertigen. Es wird daher ein Unterschied zu machen sein, ob das strafbare Verhalten ein Verbrechen darstellt oder ob es nur ein Vergehen oder eine Übertretung bildet. Auch wird darauf Rücksicht zu nehmen sein, ob der Täter oder ein Mitschuldiger Eigentümer dieses Gegenstandes ist oder ob er einem Außenstehenden gehört. Im letzteren Fall sowie bei bloßen Vergehen oder Übertretungen wird eine Verfallserklärung nicht zu verantworten sein. Maßhalten ist für den Rechtsstaat die oberste Pflicht.

Eine weitere Sicherungsmaßnahme bildet die Entziehung der Bewilligung im Strafurteil, falls sich deren Inhaber eines Verbrechens nach dem Atomgesetz strafbar gemacht hat. Bei Vergehen und Übertretungen wird diese Strenge nicht notwendig sein; eine fakultative Entziehung der Bewilligung auf Zeit nach wiederholten Zuwiderhandlungen wäre ausreichend.

Wurde eine strafbare Handlung oder Unterlassung in einem Betriebe begangen, so soll der Betriebsinhaber für Verfalls- und Wertersatzstrafen haften, die vom Gericht gegen eine für ihn im Betrieb tätige Person verhängt worden sind, und zwar zur ungeteilten Hand mit dem Verurteilten. Die Haftung soll aber dann nicht eintreten, wenn die strafbare Handlung oder Unterlassung ohne Wissen des Betriebsinhabers oder seines Stellvertreters begangen worden ist und der Betriebsinhaber aus dem strafbaren Verhalten keinen Vorteil in verwerflicher Weise gezogen hat. Über die Haftung wäre in der über die Hauptsache ergehenden strafgerichtlichen Entscheidung zu erkennen.

Bei fahrlässigen Verstößen gegen Ordnungsvorschriften durch juristische Personen oder Personalgesellschaften werden sämtliche nach dem Gesetz, dem Gesellschaftsvertrag oder der Satzung zur Geschäftsführung und Vertretung berufenen Personen einschließlich der mit ihnen gemeinsam zeichnungsberechtigten Prokuristen strafrechtlich verantwortlich zu machen sein.

Die Verjährungsfristen werden zu verlängern sein, und zwar für Verbrechen allgemein auf 20 Jahre, für Vergehen und Übertretungen auf 3 Jahre.

b) Im engen Zusammenhang mit diesen materiellrechtlichen Regelungen stehen gewisse prozessuale Fragen, wie wir sie in ähnlicher Weise auch in anderen Gesetzen finden, z. B. im Devisengesetz, im Finanzstrafgesetz, im Weingesetz, im ehemaligen Bedarfsdeckungsstrafgesetz u. a. Sie betreffen die Stellung der Verfahrensbeteiligten, welche nicht bereits wegen Täterschaft oder Mitschuld ohnedies strafrechtlich verfolgt werden. Bezüglich dieser Personen wäre zu bestimmen, daß sie zur Hauptverhandlung als Beteiligte zu laden sind und die Rechte des Beschuldigten haben. Es sollte ihnen das Recht zustehen, alle Verteidigungsmittel wie der Beschuldigte vorzubringen und das Urteil in der Hauptsache anzufechten. Hingegen würden durch ihr Nichterscheinen das Verfahren und die Urteilsfällung nicht gehemmt werden; auch könnten sie gegen ein in ihrer Abwesenheit gefälltes Urteil keinen Einspruch erheben. Gegen den Ausspruch über den Verfall stünde ihnen und dem Staatsanwalt das Rechtsmittel der Berufung zu; die Vorschriften der Strafprozeßordnung über die Berufung im Punkte der Strafe würden hierbei sinngemäß gelten.

Ist die Verfolgung oder Verurteilung einer bestimmten Person nicht möglich, so soll das Gericht auf Antrag des Staatsanwaltes in einem selbständigen Verfahren über den Verfall durch Beschluß entscheiden. Die Beschlußfassung würde durch die Ratskammer erfolgen. Gegen den Beschluß hätten alle Beteiligten das Rechtsmittel der Beschwerde.

Kann ein für verfallen erklärter Gegenstand nicht erfaßt werden, so soll auf Antrag des Staatsanwaltes gegen den Schuldigen auf eine Wertersatzstrafe in der Höhe des Wertes erkannt werden. Stellt sich die Unmöglichkeit der Erfassung erst nach Abschluß des Strafverfahrens heraus, so wäre die Wertersatzstrafe in einem besonderen Beschluß auszusprechen.

Eine weitere prozessuale Bestimmung betrifft das Anschlußverfahren. Nach den allgemeinen Regeln der Strafprozeßordnung steht es dem durch eine strafbare Handlung Geschädigten frei, sich als Privatbeteiligter dem Strafverfahren anzuschließen. Es bleibt aber dem Strafgericht überlassen, ob es im Falle eines Schuldspruches über die geltendgemachten privatrechtlichen Ansprüche entscheiden will oder ob es dem Zivilrechtswege den Vorzug gibt. Mithin besteht nach der bisherigen Gesetzeslage keine Entscheidungspflicht hinsichtlich der Ansprüche von Privatbeteiligten. Dieser gesetztliche Zustand ist unbefriedigend, wenn es sich um die Schädigung durch atomare Vorgänge handelt. Das gilt in erster Linie von Personenschäden. Es darf nicht übersehen werden, daß es in vielen Fällen möglich sein wird, durch sorgfältige ärztliche Behandlung manche Leiden zu mildern oder zu heilen. Notwendig ist aber ein schnelles und mitunter kostspieliges Eingreifen. Soweit es sich um Sachschäden handelt, wird es oft nicht nur im Interesse des Betroffenen, sondern darüber hinaus weiter Bevölkerungskreise liegen, eingetretene Schäden raschest zu beseitigen. Man denke etwa an die Verseuchung von Ackerland, die Vernichtung von Ernten oder von Vieh. Bekanntlich können Zivilprozesse jahrelang dauern. Ist nun obendrein ein Strafverfahren anhängig, so wird in der Regel dessen Ausgang abgewartet werden, so daß der Zivilprozeß erst nach Beendigung des Strafverfahrens seinen Fortgang nimmt. Dieser Zustand erweist sich in der Praxis für den Geschädigten oft als unerträglich. Es wird daher de lege ferenda der Vorschlag gemacht, den Zuspruch von Entschädigungsbeträgen an die Privatbeteiligten im Straferkenntnis für obligatorisch zu erklären. Demnach soll jedem, der durch eine strafbare Handlung oder Unterlassung nach dem Atomgesetz geschädigt wurde, auf Verlangen im Straferkenntnis nach Maßgabe der Haftpflichtbestimmungen des Atomgesetzes oder anderer gesetzlicher Vorschriften Schadenersatz zugesprochen werden. Dies gilt auch für das objektive Verfahren. Reichen die Ergebnisse des Strafverfahrens nicht aus, um die ganze Schadenshöhe festzustellen, so ist dem Geschädigten unter Vorbehalt seiner weiteren Ansprüche ein annäherungsweise festzusetzender Schadensbetrag zuzuerkennen. Durch die Bestimmung, daß das Strafgericht verpflichtet ist, über die Ansprüche der Privatbeteiligten wenigstens in einem gewissen Rahmen zu entscheiden, wird kein Widerspruch zu den Bestimmungen des Atomgesetzes über die Festlegung von Haftpflichthöchstsummen geschaffen. Denn die Haftpflichthöchstsummen gelten nicht für Fälle der Verschuldenshaftung. Die Bestimmungen des ABGB oder anderer Gesetze über die Schadenersatzpflicht bleiben neben dem Atomgesetz unverändert in Kraft. Liegt nun ein Verschulden vor — und ein solches ist unter allen

Umständen Voraussetzung für eine strafgerichtliche Verurteilung — so kann das Ausmaß der Ersatzansprüche auch die Haftpflichthöchstgrenze übersteigen. Soweit der Privatbeteiligte, dem vom Strafgericht ein Betrag zugesprochen wurde, allerdings jenes Vermögen beansprucht, welches zur Befriedigung von Ansprüchen nach dem Atomgesetz dient — es kann dies entweder die Versicherungssumme oder eine andere Sicherheit sein, welche von der Aufsichtsbehörde als hinreichend erklärt wurde —, so muß er sich eine verhältnismäßige Kürzung gefallen lassen, soweit der Haftungshöchstbetrag nicht zur Deckung aller Schäden ausreicht. Das übrige Vermögen des Zahlungspflichtigen stünde aber dem Zugriff des Privatbeteiligten uneingeschränkt offen.

Wird durch die Entscheidung des Strafgerichtes der Verfall von Gegenständen oder eine Wertersatzstrafe ausgesprochen, so soll der Staat, dem diese Vermögenswerte zufallen, verpflichtet werden, aus ihnen die Ersatzansprüche der Geschädigten vorzugsweise zu berichtigen. Zu diesem Zweck wären die für verfallen erklärten Gegenstände innerhalb von sechs Monaten nach Rechtskraft des Ausspruches über den Verfall bestmöglichst zu verwerten. Analog dem Haftpflichtrecht wären je nach dem Zeitpunkt der Geltendmachung der Forderungen mehrere Gruppen von Anspruchsberechtigten zu bilden. Bei Unklarheit der Sach- oder Rechtslage wäre der Anspruchswerber auf den Zivilrechtsweg zu verweisen, wobei der Republik Österreich die Beklagtenrolle zufiele. Ein sich allenfalls ergebender Überschuß fiele dem Staate zu.

Die Zuständigkeit des Strafgerichtes für die Verfolgung von Verbrechen und Vergehen nach dem Atomenergiegesetz wird vollkommen analog den Haftpflichtbestimmungen zu regeln sein; bei Übertretungen wird an Stelle des Landesgerichtes das Bezirksgericht in der Landeshauptstadt treten.

c) Abschließend noch einige Bemerkungen über das Verhältnis der Strafbestimmungen des Atomgesetzes zu anderen strafrechtlichen Vorschriften. Verschiedene Tatbestände, welche das Atomgesetz regelt, erfüllen gleichzeitig auch den Tatbestand anderer Gesetze, beispielsweise der Bestimmungen über Mord, Körperverletzungen, Sachbeschädigungen, der Vorschriften nach dem Staatsschutzgesetz u. a. Es wäre sogar möglich, daß die allgemeinen Strafbestimmungen strenger als die Sondervorschriften des Atomgesetzes sind. Andererseits wären aber im Atomgesetz in weitem

Umfang Nebenstrafen und Sicherungsmaßnahmen vorzusehen, beispielsweise die Landesverweisung, Abschaffung, Polizeiaufsicht, der Verfall, Wertersatzstrafen u. dgl. Auch werden besondere Verjährungsbestimmungen sowie die Entscheidungspflicht des Strafgerichtes über privatrechtliche Ansprüche vorgeschlagen. Es empfiehlt sich daher die Bestimmung, daß in jenem Falle, in welchem eine nach dem Atomgesetz strafbare Handlung oder Unterlassung zugleich ein strafbares Verhalten nach einem anderen Gesetz bildet, sie ausschließlich nach dem Atomgesetz zu ahnden ist.

D. Budgetrecht

Bei der Erörterung der Haftpflichtfrage wurde darauf hingewiesen, daß beim Eintritt von Katastrophenschäden die Haftungshöchstsummen voraussichtlich nicht ausreichen werden. Es wird in solchen Fällen der Gesetzgeber durch Sondergesetze finanzielle Hilfsmaßnahmen beschließen müssen. Da unvorhergesehene Fälle niemals vorweg ausgeschlossen werden können, wird es sich mit Zunahme der Anzahl der Atomanlagen empfehlen, alljährlich in das Staatsbudget einen Reservefonds einzubauen, welcher zur Deckung derartiger unvorhergesehener Schäden dient. Die nicht beanspruchten Teile dieses Fonds müßten von einem Jahr zum andern vorgetragen werden, wodurch sich im Laufe der Zeit voraussichtlich eine ständig wachsende Rücklage bilden würde. Überdies wäre ein solcher Fonds auch dann von beträchtlichem Nutzen, wenn ein Schaden von ausländischem Gebiet aus verursacht wird. Diese Frage wird noch später erörtert werden. Sollte es nicht möglich sein, für die Deckung der sog. Spätschäden Versicherungsschutz zu erlangen, so müßte der Fonds auch für diese Fälle herangezogen werden. Es käme demnach dem Fonds in mehrfacher Hinsicht besondere Bedeutung zu.

Das Atomgesetz selbst hätte sich auf die allgemeine Bestimmung zu beschränken, daß die Regelung des Eintrittes des Staates für Schäden, welche weder auf Grund des Atomgesetzes noch anderer gesetzlicher Vorschriften ihre Deckung finden, einem besonderen Bundesgesetz vorbehalten bleibt. Dieses Bundesgesetz wäre sodann im engen Zusammenhang mit dem Bundesvoranschlag zu erstellen. Die Errichtung des Fonds auf Grund eines eigenen kurzen Gesetzes außerhalb des Atomgesetzes hätte, gesetzestechnisch betrachtet, den Vorteil, daß die Bestimmungen über den Fonds entsprechend der Entwicklung auf atomarem Gebiete den jeweiligen Verhältnissen angepaßt werden könnten, ohne daß das Atomgesetz selbst einer Novellierung unterzogen zu werden brauchte.

III. Andere Rechtsvorschriften: Sachenrecht; Patentrecht; Steuer- und Zollrecht

Die vorstehend angeführten Schutzbestimmungen stellen wohl den wichtigsten Teil jeder Atomgesetzgebung dar, erschöpfen aber nicht alle Rechtsprobleme, welche mit der Verwertung der Atomenergie verbunden sind. Wenn es auch kaum möglich ist, alle Bereiche des Rechtes dahin zu erforschen, ob mit der geltenden Gesetzeslage das Auslangen gefunden werden kann und ob sich die eine oder andere neue Bestimmung als notwendig erweist — vieles ergibt sich auch erst im Laufe der Zeit —, so können wir doch bereits verschiedene weitere Gebiete feststellen, auf welche sich unsere Untersuchungen erstrecken müssen. Damit ist aber keineswegs gesagt, daß an Stelle des bestehenden Rechtes andere Vorschriften treten müßten.

a) Einer besonderen Erörterung bedarf der Sachbegriff, mit welchem die Fragen des Eigentums und anderer dinglicher Rechte sowie des Besitzes und der Innehabung im engsten Zusammenhang stehen. Finden wir mit dem Sachbegriff des ABGB das Auslangen, um unter ihn auch die Atomenergie einzureihen? Denn nur im bejahenden Falle sind dingliche Rechte oder rechtsbedeutsame tatsächliche Zustände (Besitz und Innehabung) an ihr möglich; und auch nur dann kann die Atomenergie Gegenstand obligatorischer Verträge sein.

Tatsächlich finden wir mit der Definition des ABGB das Auslangen. § 285 bestimmt, daß alles, was von der Person unterschieden ist und zum Gebrauche der Menschen dient, im rechtlichen Sinne eine Sache genannt wird. Diese Definition ist durch ein positives und ein negatives Merkmal gekennzeichnet. Positiv ist der Hinweis darauf, daß es sich um etwas handeln muß, was zum Gebrauche der Menschen dient. Das gilt zweifellos für die Atomenergie, da sie sich vom Menschen nutzen läßt. Negativ ist die Bestimmung dessen, was sich nutzen läßt: es ist dies alles, was nicht als Person im Rechtssinne anzusehen ist. Auch hierzu zählt die Atomenergie. Durch diese in ihrer Allgemeinheit geradezu genial formulierte Definition des ABGB kann etwas dem Sachbegriff unterstellt werden, woran die Verfasser des Gesetzes niemals denken konnten.

Es spielt bei diesen Überlegungen keine Rolle, ob man die aus den Atomen herausströmende Energie unter dem Gesichtspunkt der materiellen Teilchen oder der wellenförmigen Strahlung betrachtet. Denn der Sachbegriff des Gesetzes deckt beides. Damit ist außerordentlich viel gewonnen, weil sich eine sehr klare und einfache Rechtslage ergibt, wie sie nicht in allen ausländischen Gesetzgebungen anzutreffen ist. Die Situation ist nicht anders als beim elektrischen Strom. Die Judikatur hat wiederholt mit Recht erklärt, daß der elektrische Strom eine Sache ist, so daß er auch Gegenstand von Verträgen sein kann. Die im § 59 des Elektrizitätsgesetzes (BGBl. 250/1929) enthaltene Definition, daß unter den im Strafgesetz gebrauchten Ausdrücken „Sache" und „Gut" auch die elektrische Energie verstanden wird, hat gegenwärtig nur mehr den Charakter einer authentischen Interpretation des Gesetzgebers, da auch ohne sie auf Grund der Erkenntnisse der modernen Physik eine andere Auslegung nicht möglich wäre.

b) Es bestehen verschiedene ausländische Vorschläge, einige Bestimmungen des Patentgesetzes im Interesse einer rascheren und leichteren Verwertung von Erfindungen auf dem Atomgebiete abzuändern. Untersucht man das österreichische Patentgesetz in dieser Richtung, so ergeben sich folgende Erwägungen:

Die Verwertung von Erfindungen gegen den Willen des Patentinhabers wird durch Zwangslizenzen ermöglicht. Unterläßt es der Patentinhaber, die Erfindung im Inland im angemessenen Umfang auszuüben oder ausüben zu lassen oder doch alles zu tun, was erforderlich ist, um eine solche Ausübung zu sichern, so ist nach Ablauf von drei Jahren vom Tage der Bekanntmachung der Erteilung des Patentes im Patentblatt jedermann berechtigt, von ihm die Erlaubnis zur Benützung der Erfindung für seinen Betrieb zu begehren, und zwar gegen angemessene Vergütung und Sicherstellung. Ob man diese Frist von drei Jahren herabsetzen soll, erscheint fraglich, da man schließlich dem Erfinder auch eine gewisse Zeitspanne für die Organisation der Verwertung seiner Erfindung belassen muß. Eine Kürzung der Frist, wie sie vorgeschlagen wird, könnte sich aber auch insoweit nachteilig auswirken, als ein zu starker Zeitdruck den Anreiz des Erfinders erheblich gefährden könnte.

Andere Vorschläge betreffen die Enteignung von Patenten auf atomarem Gebiete. Hier sieht § 15 des Patentgesetzes ohnedies die Enteignung vor, wenn es das Interesse der bewaffneten Macht oder der öffentlichen Wohlfahrt oder sonst ein zwingendes Bundesinteresse erfordert, daß eine Erfindung ganz oder teilweise von der Bundesverwaltung selbst benützt oder der allgemeinen Benützung überlassen wird. Eine weitere Verschärfung dieser Bestimmung ist nicht notwendig.

Ein weiterer Vorschlag, daß Erfinder und Patentamt verpflichtet sein sollen, jede Erfindung oder Anmeldung auf atomarem Gebiete der zuständigen Verwaltungsbehörde anzuzeigen und ihr auf Verlangen Einsicht in die Unterlagen zu gewähren, ist abzulehnen. Wenn auch die Verwaltungsbehörde nach diesem Vorschlag zur Geheimhaltung verpflichtet und die Erfindung ohne Einwilligung des Erfinders nicht zu benützen berechtigt sein soll, so geht eine solche Regelung zu weit. Einerseits wäre jede solche Bestimmung geeignet, beim Erfinder Mißtrauen zu erregen, andererseits steht das Patentregister ohnedies der Verwaltungsbehörde jederzeit zur Einsicht offen.

Im Gegensatz zu allen diesen Vorschlägen, welche die Rechte der Erfinder beschränken sollen, wäre es aber empfehlenswert, alle nur denkbaren Maßnahmen zu ergreifen, um Erfinder anzuregen und zu fördern. Dies ist aber im wesentlichen eine organisatorische Frage, welche mit dem Aufbau des Atomwesens enge zusammenhängt.

c) Zoll- und Steuerrecht. Atomare Anlagen, Einrichtungen, Maschinen und Geräte sind außerordentlich kostspielig. Ihre Herstellung erfordert beträchtliche finanzielle Mittel. Um einen Anreiz für die Aufbringung der hohen Anlagekapitalien zu schaffen, wird der Gesetzgeber Steuerbegünstigungen vorsehen müssen, vor allem in der Art, daß erleichterte Abschreibungsmöglichkeiten gewährt werden. Ansonsten würden sich die großen Kapitalinvestitionen als unrentabel erweisen, weil die Belastung mit verschiedenen Steuern zu hoch wäre. Auf derselben Linie liegt die Gewährung von Steuererleichterungen an Versicherer für die Bildung von Reserven zur Deckung atomarer Schäden.

Ähnliches gilt von Zollerleichterungen. Die genannten Anlagen und sonstigen Gegenstände können gegenwärtig von der inländischen Industrie nicht geliefert werden, so daß sie nach Österreich eingeführt werden müssen. Um nicht die Einfuhr geradezu unmöglich zu machen, wird die Gewährung der Zollfreiheit nicht zu umgehen sein. Selbstverständlich wird die Gewähr gegeben sein müssen, daß die eingeführten Gegenstände ihrer bestimmungsgemäßen Verwendung zugeführt werden. Die vorstehenden Ausführungen gelten in gleicher Weise auch von Kernbrennstoffen, Zubehör, Ersatzteilen u. dgl.

IV. Verfassungsrechtliche Fragen

Eine erhebliche Rolle spielen gewisse verfassungsrechtliche Probleme. Verfassungsrechtlich gesehen kann in Österreich ein Atomgesetz, welches die verwaltungsrechtliche, zivilrechtliche und strafrechtliche Sondermaterie einheitlich regeln soll, derzeit überhaupt nicht geschaffen werden. Denn nach der Bundesverfassung steht die Kompetenz zur Gesetzgebung nicht durchwegs dem Bunde zu.

Es herrscht vielmehr auf Grund der Bundesverfassung eine beträchtliche Kompetenzzersplitterung, welche sich äußerst nachteilig auswirkt. Einerseits ist es unmöglich, eine einheitliche und geschlossene gesetzliche Regelung zu schaffen, wenn die Zuständigkeit der Gesetzgebung teils auf den Bund, teils auf die Länder entfällt. Andererseits erscheint es angesichts der Neuartigkeit und Schwierigkeit der Materie sowie des Fehlens von Erfahrungen angebracht, auch die Vollziehung möglichst von einer zentralen Stelle aus zu leiten, weil diese am ehesten über die Fachkräfte verfügt und die Erfahrungen zu sammeln am besten in der Lage ist. Dazu kommt aber noch die weitere Erwägung, daß Atomanlagen in der Regel sehr kostspielig sind und jede Vergeudung finanzieller Mittel vermieden werden muß. Mehrere Beispiele mögen dies erläutern.

Eine Reihe von Angelegenheiten, welche die Verwertung der Kernenergie betreffen, gehört allerdings nach Art. 10 der Bundesverfassung hinsichtlich Gesetzgebung und Vollziehung zur Kompetenz des Bundes. Das gilt zunächst von der Gewinnung jener Mineralien, welche radioaktive Stoffe enthalten. Sie fällt in die Kategorie „Bergwesen". Dasselbe ist von der Einfuhr, Ausfuhr und Durchfuhr zu sagen, welche dem Begriff des „Warenverkehrs mit dem Ausland" zu unterstellen sind. Der Erwerb von Anlagen, Einrichtungen, Geräten, radioaktiven Substanzen einschließlich spaltbarer Kernbrennstoffe, von verschmelzbaren Kernbrennstoffen u. a. ist, rechtlich gesehen, unter den Begriff des „Zivilrechtes", wirtschaftlich gesehen, unter die Kategorie „Angelegenheit des Gewerbes und der Industrie“, „Warenverkehr mit dem Ausland“, „Verkehrswesen bezüglich der Eisenbahnen, der Schiffahrt und der Luftfahrt, Kraftfahrwesen“ einzureihen. Sicherheits- und Schutzmaßnahmen sind einerseits unter die Rubrik „Aufrechterhaltung der öffentlichen Sicherheit“, andererseits unter die Kategorie „Gesundheitswesen“, „Arbeiter- und Angestelltenschutz“ einzuordnen. Das Strafgesetz fällt unter denselben Artikel, ebenso das Sozialversicherungsrecht und das Zivilrecht einschließlich des Haftpflichtrechtes. Der Abschluß von Abkommen mit anderen Staaten gehört zur Gruppe „Äußere Angelegenheiten, insbesondere Abschluß von Staatsverträgen“. Soweit das Unterrichtswesen betroffen wird, gilt § 42 VÜG 1920 (Angelegenheiten der Hochschulen und mittleren Lehranstalten).

Während sich bisher eine einheitliche Linie ergibt, macht sich hingegen bei einer Reihe sehr wichtiger Anlegenheiten eine beträchtliche Kompetenzaufspaltung bemerkbar. Hierher zählt einmal der gesamte Bereich der Landeskultur. Gesetzgebung und Vollziehung auf diesem Gebiete sind Landessache (Art. 15 [1] BVG). Die Angelegenheiten der Landeskultur umfassen insbesondere auch das Gebiet des Feld-, Tier-, Vogel- und Naturschutzes. Beim Bau und Betrieb von Anlagen für Zwecke der Elektrizitätswirtschaft liegt die Sache noch komplizierter. Soweit es sich um die Normalisierung und Typisierung elektrischer Anlagen und Einrichtungen sowie Sicherheitsmaßnahmen auf diesem Gebiete handelt, ist die Kompetenz des Bundes hinsichtlich Gesetzgebung und Vollziehung gegeben. Im übrigen ist auf dem Gebiet des Elektrizitätswesens nach Art. 12 (1) Z. 7 BVG nur die Grundsatzgesetzgebung Bundessache, während die Ausführungsgesetzgebung und die Vollziehung den Ländern obliegen. Dazu kommt der weitere sehr wichtige Bereich des Bauwesens, welcher auch mit gewissen, hier weniger in Betracht kommenden Ausnahmen hinsichtlich Gesetzgebung und Vollziehung Landessache ist. Dasselbe gilt von der Feuerpolizei. Gerade dort, wo es sich um die Errichtung der größten Atomanlagen handelt, an welche die umfassendsten Anforderungen auf dem Gebiete der Sicherheit gestellt werden müssen, herrscht eine unglückliche Zersplitterung der Zuständigkeit, ein Zustand, der untragbar ist. Es ist nur eine einzige vernünftige Lösung denkbar, nämlich die, daß Art. 10 BVG eine kurze Ergänzung erfährt. Alle Angelegenheiten der Atomkernenergie müßten hinsichtlich Gesetzgebung und Vollziehung zur Bundessache erklärt werden. Wird aber die Bundesverfassung einer Ergänzung unterzogen, so empfiehlt es sich, zur Vermeidung einer unsicheren Gesetzeslage auch die Verwertung der bloß aus den Atomhüllen freiwerdenden Energie in eine gleichartige gesetzliche Regelung einzubeziehen, weil diese Energie etwa in Form von Röntgenstrahlen ähnliche Wirkungen wie die Kernenergie hervorrufen kann. Nur bei einer Verfassungsänderung ist eine einheitliche und verantwortungsbewußte Regelung dieses schwierigen Fragenkomplexes überhaupt möglich. Auch in den großen Vereinigten Staaten ist das Atomenergiewesen vollständig beim Bund zentralisiert und ebenso hat die Schweiz durch einen eigenen Atomartikel die Zuständigkeit der Eidgenossenschaft übertragen. In der Deutschen Bundesrepublik herrscht gegenwärtig eine Zersplitterung, doch wird auch hier ein einheitliches Bundesgesetz angestrebt; es darf darüber hinaus nicht übersehen werden, daß von den deutschen Ländern jedes für sich im Durchschnitt die gleiche Bevölkerungsanzahl wie die gesamte Republik Österreich aufweist.

V. Die Grenzen der nationalen Gesetzgebung; Völkerrecht und Souveränität

Das Völkerrecht hat mit der Atomgesetzgebung im engeren Sinn nichts zu tun, weil es nicht durch staatliche Gesetzgebungsakte geschaffen wird. Es spielt aber doch unmittelbar in unsere Betrachtungen hinein, und zwar in zweifacher Art. Es können vom österreichischen Gebiet aus Schäden im Auslande eintreten oder aber, was viel leichter möglich ist, Österreich vom Auslande her Schäden zugefügt werden. Ebenso sind nach beiden Richtungen Gefährdungen möglich. Da es noch keine Sonderregelungen völkerrechtlicher Art für atomare Schäden oder solche Gefahren gibt, sind wir an die Grundsätze des allgemeinen Völkerrechtes gebunden.

Bei unseren Überlegungen müssen wir vom Begriff der staatlichen Souveränität ausgehen. Souveränität bedeutet die oberste Gewalt, welche von jeder anderen irdischen Autorität unabhängig ist. Sie äußert sich in mehrfacher Weise. Einmal bedeutet sie die äußere Unabhängigkeit von jeder anderen Gewalt, insbesondere von jedem anderen Staat, und umfaßt die volle Handlungsfreiheit außerhalb der staatlichen Grenzen im Verkehr mit anderen Staaten. Sodann äußert sie sich in der Unabhängigkeit nach innen und bedeutet demnach die Handlungsfreiheit innerhalb der Staatsgrenzen. Und schließlich stellt sie sich als Personalhoheit gegenüber den eigenen Staatsbürgern im In- und Auslande dar. Auf Grund seiner Unabhängigkeit und der territorialen und personalen Hoheit darf ein Staat verlangen, daß sich jeder andere Staat einer Verletzung dieser seiner Rechte enthält und die eigenen Organe und Staatsbürger daran hindert, solche Verletzungen zu begehen. Es darf sich daher beispielsweise ein anderer Staat in die inneren oder äußeren Angelegenheiten eines fremden Staates nicht einmengen, ohne Erlaubnis seine Streit- und Polizeikräfte in oder durch fremdes Staatsgebiet nicht entsenden oder auf fremdem Territorium Akte der Verwaltung oder der Gerichtsbarkeit nicht ausüben. Diese Unabhängigkeit der Staaten voneinander gilt aber nicht unbegrenzt, da sie teils durch Gewohnheitsrecht, teils durch Verträge eingeschränkt ist. So darf ein Staat auf Grund seiner territorialen Souveränität gewisse natürliche Bedingungen seines Territoriums nicht zum Nachteile eines anderen Staates ändern, z. B. den Ablauf eines Flusses, welcher in ein Nachbarland fließt, nicht eigenmächtig umgestalten oder die Beschaffenheit des Flußwassers verschlechtern; oder er muß verhindern, daß von Fabriksanlagen auf seinem Territorium schädliche Rauchgase auf das Gebiet eines anderen Staates dringen. Es gilt der Grundsatz, daß jeder Staat seine Rechte in einer Weise auszuüben hat, daß er fremde Rechte nicht schädigt. Interessant ist in diesem Zusammenhang der Schiedsspruch im Falle Trail-Smelter vom Jahre 1938. Canada und die USA hatten im Jahre 1935 ein Abkommen geschlossen, welches ein Schiedsgericht für Streitfälle vorsah, die daraus entstehen könnten, daß die Consolidated Mining and Smelting Company in Trail (British-Columbia) eine Anlage errichtet hatte, welche Rauch entwickelte, der in das Gebiet des Nachbarstaates Washington eindringen konnte. Tatsächlich ereignete sich ein solcher Schadensfall und das Schiedsgericht entschied, daß auf Grund des Völkerrechtes kein Staat berechtigt ist, sein Gebiet in einer Weise zu benützen oder benützen zu lassen, daß in oder an dem Territorium eines anderen Staates Rauchschäden entstehen. (Annual Digest and Reports of Public International Law Cases, 1938—1940, Case No. 315, edited by H. Lauterpacht.)

Dieses völkerrechtliche Gewohnheitsrecht findet aber auch in einer Reihe von Abkommen seinen Niederschlag, welche die Verhütung von Schäden in anderen Staaten bezwecken. Als Beispiele seien das Pariser Abkommen über die Bekämpfung der Cholera von 1853, die Pariser Sanitätskonvention von 1926 gegen Cholera, Pest und Gelbfieber, das Haager Sanitätsabkommen für die Luftfahrt von 1934, mehrere Opiumabkommen aus den Jahren 1912, 1925 und 1931, die Konvention von 1935 gegen ansteckende Tierkrankheiten, die Pflanzenschutzkonvention vom Jahre 1929 u. a. erwähnt. Wendet man diese Grundidee, welche in der völkerrechtlichen Literatur als Integritätstheorie bezeichnet wird, auf Atomschäden an, so fällt die Antwort nicht schwer. Kein Staat darf dulden, daß von seinem Gebiet aus das Leben oder das Eigentum der Bewohner eines anderen Staates durch atomare Vorgänge gefährdet oder geschädigt wird. Jede Zuwiderhandlung verpflichtet im Falle eines Schadens nach allgemeinen völkerrechtlichen Grundsätzen zur Naturalrestitution und, wo eine solche nicht möglich ist, zu Ersatz in Geld, unter Umständen auch zur Leistung einer Genugtuung im völkerrechtlichen Sinne. Dabei spielt es keine Rolle, ob die Verwendung der Atomenergie für militärische oder nichtmilitärische Zwecke erfolgt, ob es sich um militärische Übungen im Frieden oder militärische Aktionen im Kriege handelt, vorausgesetzt natürlich, daß der Schaden einem Staate zugefügt wird, mit welchem kein Kriegszustand besteht.

Die Art, in welcher die Ansprüche gegen den verantwortlichen Staat durchgesetzt werden können, richtet sich mangels einer vertraglichen Regelung ebenfalls nach den allgemeinen völkerrechtlichen Regeln. Der Weg führt von diplomatischen Verhandlungen zwischen den Streitteilen, guten Diensten oder Vermittlungen dritter Staaten zur Austragung der Streitfälle vor einem Schiedsgericht oder einer anderen internationalen Instanz. Wir dürfen aber auch die verschiedenen Arten der völkerrechtlichen Selbsthilfe, wie der Retorsion, Repressalie, Notwehr, des Selbstschutzes oder gar kriegerischer Maßnahmen, nicht aus dem Auge lassen.

Die hier erörterten Fragen spielen in zunehmendem Maße eine Rolle, weil immer mehr atomare Anlagen und Einrichtungen für friedliche und kriegerische Zwecke errichtet werden und daher Schäden aus dem Gebiete eines anderen Staates heraus stets möglich sind. Strahlen machen eben an den Staatsgrenzen nicht halt. Tatsächlich sind, wie allgemein bekannt ist, solche Schadensfälle bei militärischen Versuchen bereits eingetreten. Für einen kleinen Staat, der auf allen Seiten an andere Staaten grenzt, spielen diese Fragen eine ganz besondere Rolle. Denn zu den Schäden, die durch atmosphärische radioaktive Niederschläge ganz allgemein auf der Erde oder wenigstens in weiten Gebieten derselben im geringen Maße möglich sind, treten die spezifischen Gefahren durch unmittelbare Schädigungen aus dem Nachbarlande. Für die staatliche Verwaltung ergeben sich daraus zwei spezifische, aus dem Völkerrecht resultierende Aufgaben. Die staatliche Verwaltung muß einerseits darauf bedacht sein, daß atomare Anlagen oder Einrichtungen im eigenen Staatsgebiet nicht so nahe der Grenze aufgestellt werden, daß ein Schaden im Nachbarstaate entstehen kann. Andererseits muß sie bestrebt sein zu verhindern, daß ein Nachbarstaat auf seinem Territorium eine solche Anlage oder Einrichtung zu nahe der österreichischen Staatsgrenze errichten läßt. Dasselbe gilt von atomaren Maschinen und Geräten, welche in Grenznähe gebracht werden. Dabei wird man nicht nur die Fälle von Explosionen im Auge haben dürfen. Man wird ebenso an die Möglichkeit von Strahlungsschäden denken müssen, wobei die atomare Verseuchung von Gewässern, welche durch mehrere Staatsterritorien hindurchfließen, eine erhebliche Rolle spielt. Weil einerseits solche Schäden einen beträchtlichen Umfang erreichen können und andererseits damit zu rechnen ist, daß die Geschädigten nicht die erforderlichen finanziellen Mittel besitzen werden, die dringendsten Maßnahmen zur Linderung und Beseitigung der Schäden zu treffen, wird der Gesetzgeber wohl im Laufe der Zeit darangehen müssen, in das Staatsbudget einen bestimmten Betrag als Reserve für solche mögliche Schadensfälle aufzunehmen, ebenso wie sich dies für den Fall empfiehlt, daß Schäden im Inlande eintreten. Vorbehalten bleibt selbstverständlich das Rückgriffsrecht gegenüber dem Verantwortlichen. Hier besteht eine gewisse Parallelität zwischen der völkerrechtlichen Anspruchserhebung des Staates für seine geschädigten Staatsbürger und der Geltendmachung von Forderungen auf zivilrechtlichem Wege, von welcher bei der Erörterung des internationalen Atomprivatrechtes die Rede war.

Wertvolle Dienste beim Aufbau einer internationalen Ordnung auf dem Gebiet der Nutzung der Atomenergie können die bestehenden völkerrechtlichen Organisationen leisten. Zunächst sei auf die bereits bestehenden regionalen Organisationen verwiesen, welche jeweils eine Gruppe von Staaten umfassen, wie z. B. Euratom, die europäische Kernenergie-Agentur, welche im Rahmen der OEEC errichtet wurde, oder das Vereinigte Institut der Ostblockstaaten für Kernforschung. Über den Bereich dieser nur bestimmte geographische Gebiete umfassenden Institutionen gehen die universellen Organisationen hinaus. Einerseits handelt es sich um bereits bestehende Einrichtungen, wie verschiedene Spezialorganisationen der Vereinten Nationen, z. B. die Weltgesundheitsorganisation, die Strahlenschutzkommission oder die Internationale Arbeitsorganisation. Andererseits aber und in erster Linie ist die neugeschaffene Internationale Atomenergie-Organisation anzuführen. Wir dürfen uns allerdings keinen Illusionen hingeben und sollten nicht übersehen, daß es sich nur um einen bescheidenen Anfang handelt; das gilt auch für die letztgenannte Organisation, welche ihrem Aufbau nach verhältnismäßig die weitest gespannten Ziele verfolgt. Denn trotz allem sind ihre Kompetenzen sehr eng gezogen, da sie sich nur auf den zivilen Sektor erstrecken und der ungeheuer wichtige militärische Bereich vollkommen aus ihrer Zuständigkeit ausscheidet. Aber auch ihre Kontrollrechte auf dem zivilen Sektor müssen als sehr bescheiden bezeichnet werden.

Ihre Aufgabe ist es, die Erforschung, Entwicklung und praktische Anwendung der Atomenergie zu friedlichen Zwecken auf der ganzen Welt zu fördern und zu unterstützen. Sie vermittelt auch zu diesem Zwecke auf Antrag zwischen ihren Mitgliedern die Lieferung von Material, Ausrüstungen und Einrichtungen sowie die Erbringung von Dienstleistungen. Um Mißbräuche ihrer Förderungs- und Vermittlungsmaßnahmen für militärische Zwecke zu verhindern und der Gefährdung von Leben, Sicherheit und Eigentum von Menschen zu begegnen, steht ihr im Rahmen ihrer Tätigkeit das Recht zu, gewisse Sicherheitsmaßnahmen anzuordnen und Kontrollfunktionen auszuüben, darunter auch Inspektoren zu entsenden. In gewissen Umfange kann sie bei Zuwiderhandlung gegen getroffene Vereinbarungen Sanktionen verhängen. Die der Organisation zustehenden Rechte stellen eine Einschränkung der staatlichen Souveränitätsrechte dar. Es wird zwar in Art. IV C der Satzung bestimmt, daß die Organisation auf dem Grundsatz der souveränen Gleichheit aller ihrer Mitglieder beruht. Damit soll zum Ausdruck gebracht werden, daß alle Mitgliedstaaten der Organisation die gleiche Rechtsstellung einnehmen und grundsätzlich unabhängig sind. An anderer Stelle (Art. III D) heißt es aber, daß die Organisation ihre Tätigkeit unter gebührender Beachtung der Hoheitsrechte der Staaten ausübt — vorbehaltlich der Bestimmungen der Statuten und der zwischen einem Staat oder einer Staatengruppe und der Organisation getroffenen Vereinbarungen. Damit wird aber zum Ausdruck gebracht, daß ein Mitglied gewisse Einschränkungen seiner Souveränitätsrechte in Kauf nehmen muß, falls es die Tätigkeit der Organisation beansprucht. Allerdings steht es jedem Mitgliedstaat frei, sich zu entscheiden, ob er sich an die Organisation wenden will oder nicht.

Diese Mängel sind nicht etwa für diese Atomorganisation allein charakteristisch, sondern überhaupt für alle völkerrechtlichen Institutionen kennzeichnend. Die große Schwäche des Völkerrechtes liegt darin, daß kein von den Parteien unabhängiger Machtfaktor vorhanden ist, welcher in der Lage wäre, Rechtsbrüche selbst gegen den Widerstand des stärksten Staates durchzusetzen, wie es zum Wesen einer wirksamen Rechtsordnung gehört. Eine wahre internationale Ordnung würde den weitgehenden Verzicht der Staaten auf ihre Souveränität voraussetzen, der sich aber nicht auf den atomaren Bereich allein beschränken dürfte. Das Völkerrecht ist eben noch ein sehr junges Rechtsgebilde, das über die ersten Anfangsstadien nicht hinausgekommen ist.

Wir sind hier an einem Punkt angelangt, welcher einen klaren Überblick gewährt und zeigt, welche Möglichkeiten dem nationalen Gesetzgeber auf atomarem Gebiete gegeben sind und wo die Grenzen jeder staatlichen Gesetzgebung liegen. Da sich die Folgen von Kernumwandlungsvorgängen leicht über das Hoheitsgebiet eines Staates hinaus auswirken können, sind internationale Regelungen unvermeidlich. Keinem Staat kann es gleichgültig sein, welche Vorkehrungen ein anderer Staat zur Verhinderung von Schäden durch Atomenergie trifft, die von dessen Territorium ausgehen. Das gilt sowohl hinsichtlich der Schadensverhütung als auch für den Fall der Entschädigung nach Schadenseintritt. Dabei braucht man gar nicht an Atomexplosionen zu denken, welche im Zuge kriegerischer Ereignisse oder militärischer Übungen vor sich gehen. Auch verschiedene friedliche Pläne bringen große Gefahren mit sich. Hier sind in erster Linie Explosionen von Reaktoren zu nennen. Aber auch die Verwendung atomarer Sprengstoffe etwa zur Herstellung von Kanälen oder zur Schaffung von Durchbrüchen durch Gebirge zählt zu solchen Gefahrenquellen. Atomare Explosionen für friedliche Zwecke oder anläßlich militärischer Übungen kann man zwar bisweilen der Wetterlage anpassen, um zu vereiteln, daß die Abfälle nicht zu rasch vom Winde weitergetragen werden. Es kann aber nicht verhindert werden, daß die radioaktiven Abfälle dennoch auf die Erde zurückfallen, und zwar in der Hauptsache mit den Niederschlägen. Ebenso können beim Versagen eines Atomreaktors spaltbare Stoffe in einen Fluß gelangen, der mehrere Länder durchströmt, oder auf atmosphärischem Wege in einen anderen Staat eindringen. Hierher gehören auch die Fälle bestimmter Grippeepidemien, welche möglicherweise auf Mutationen von Grippeerregern durch Atombombenversuche zurückzuführen sind. Alle diese Fragen können auf nationaler Ebene nicht gelöst werden, da sie den Rahmen, der der staatlichen Gesetzgebung gezogen ist, offensichtlich überschreiten.

Jeder Staat ist auf seine Souveränität eifersüchtig bedacht. Dadurch ergibt sich eine sehr bedenkliche Situation. Solange nämlich die Staaten die gefährlichsten Dinge, die ihnen jemals zur Verfügung standen, handhaben können, ohne daß dieser Umgang wirksam geregelt ist, bedrohen sie sich gegenseitig in kaum vorstellbarem Ausmaß. Die Möglichkeit eines Mißbrauchs der Souveränitätsrechte stellt die denkbar größte Gefahr für die Völker dar. Der gegenwärtige Zustand ist von einer Rechtsordnung, welche Sicherheit gewährt, weit entfernt. Nur durch eine fortschreitende Verminderung der staatlichen Souveränitätsrechte könnte allmählich ein stabiler Zustand geschaffen werden. Das heißt aber, daß das Völkerrecht gegenüber seiner gegenwärtigen Form eine bedeutsame Wandlung erfahren müßte. Das Gefühl der Unsicherheit, welches die neuen Entdeckungen und Erfindungen mit sich bringen, kann nur durch eine umfassende Ordnung gebannt werden, welche international sein müßte. Die Annahme, daß ein Mißbrauch der Atomenergie auch ohne solche Regelung kaum wahrscheinlich sei, weil niemand Vernünftiger ein solches Risiko auf sich nehmen würde, ist ein bloßer Wunsch, hinter welchem gar nichts steht. Denn wieviel Unvernünftiges geschieht im Leben! Wie oft wird jede Vernunft durch Triebe und Leidenschaften, Mißverständnisse und Irrtümer ausgeschaltet. Die Entwicklung des Völkerrechtes von einem jus inter gentes zu einem jus supra gentes durch weitgehenden Verzicht der Staaten auf ihre Souveränitätsrechte ist daher zur Schicksalsfrage des menschlichen Geschlechtes überhaupt geworden.

Verzeichnis atomrechtlicher Literatur

a) Österreich

EDLBACHER, O., Probleme der Haftung für Atomschäden, Österreichische Juristen-Zeitung, Heft 3, S. 57, Wien 1958.

MAYER-MALY, Th., Rechtsfragen der Atomwirtschaft, Juristische Blätter, Heft 18, Wien 1957.

MOSER, B., Atomenergie und Bundesverfassung, Juristische Blätter, Heft 1, S. 13, Wien 1957.

— Zivilrechtliche Probleme der Atomgesetzgebung, Juristische Blätter, Heft 2, S. 41, Wien 1958, und Österreichische Juristen-Zeitung, Heft 2, S. 43, Wien 1958.

b) Ausland

A-risk data expected from insurance firms, Electrical world, 143, p. 174, Ap. 4, New York 1955.

ARMAND, L., Atomic Energy and the Future of Europe, Foreign Affairs, S. 655, New York 1956.

Atomic energy act of 1954, Metal Progress 66, p. 110, Cleveland 1954.

Atomic energy bill, Scientific American 191, 71–2, New York 1954.

Atomic energy for lawyers, a symposium, University of Chicago Law Review, p. 799–908, Chicago 1948.

Atomic Industrial Forum, Financial protection against atomic hazards, New York 1957.

Atomic Industrial Forum, Problems of Public Liability Insurance on Nuclear Risks, New York 1956.

Atomic Industrial Forum, Financial protection against nuclear liability, New York 1957.

Atomic Industrial Forum, Legal Problems, New York 1957.

Atomic Industrial Forum, The New Atomic Energy Law — What it means to Industry. New York 1954.

Atomic Industrial Forum, World Development of Atomic Energy, New York 1955.

Atomic Power Development, Law and Contemporary Problems, Vol. 21, Durham (North Carolina) 1956.

BAEHRING, B., Ein äußerst schwieriges Risiko. — Die ersten Schritte der Atomversicherung, Handelsblatt vom 14./15. 3. 1958, Düsseldorf.

BALCKE, S., Euratom — Wirtschaftspolitisch gesehen, Die Atomwirtschaft, Heft 2, S. 43, Düsseldorf 1958.

BECKETT, W. W. und R. M. MERRIMAN, Will the patent provisions of the atomic energy act of 1954 promote progress or stifle invention? George Washington Law Review, 23, 195–213, D, Washington, D. C.

BELSER, W., Atomversicherungsrecht, Neue Zürcher Zeitung, Fernausgabe Nr. 315 vom 16. 11. 1957.

– Die Versicherung der Atomrisiken in Europa, Die Atomwirtschaft, Heft 2, S. 77, Düsseldorf 1958.

– Insurance Problems in Connection with the Harmonisation of European Legislation Regarding Nuclear Energy, Centre d'Etudes, Bulletin d'Information No. 4, Zürich 1956.

– L'Assurance Européenne Face aux Risques Crées par l'Utilisation de l'Energie Nucléaire à des Fins Pacifiques, Berne 1956.

BENNER, J., Haftungsprobleme im Atomenergierecht, Arbeit und Recht, Heft 2, S. 39, Köln-Deutz 1958.

BEST, The United Kingdom Atomic Energy Authority, Public Administration, S. 4, London 1956.

BOSKEY, B., Some Patent Aspects of Atomic Power Development, Law and Contemporary Problems XXI, S. 113, Durham (North Carolina) 1956.

British Information Services, Das britische Commonwealth und die Atomtechnik. London 1955 (dtsch. Bad Godesberg 1955).

CAEMMERER, E., La responsabilité du fait des choses inanimées et le risque atomique, Extrait de la Revue internationale de droit comparé, No. 4, Paris 1957.

CARTELLIERI, W., Zu der Haftpflicht für Atomschäden und ihrer Versicherung, Der Betriebsberater, S. 385, Heidelberg 1958.

– Zum Aufbau einer Atomwirtschaft in der Bundesrepublik Deutschland, Der Betriebsberater, S. 3, Heidelberg 1956.

Centre d'Etudes du Groupe de Travail du Risque Atomique (Comité Européen des Assurances), Bulletins d'Information. Zürich 1955 f.

COHEN, K., Atomic power as a risk venture, Bulletin of the Atomic Scientists 9, p. 305, O., Chicago 1953.

COLE, W. S., Meaning of new atomic law, Nucleonics 13, nl, 12–7, Ja, 1955; n 2, 26–9, F, 1955, New York.

Commerce Clearing House, Atomic Energy Law Reporter. New York 1955 ff. (ergänzbare Loseblattsammlung).

DEAN, G., Impact of atomic energy on the Law, Journal of the Bar Association, District of Columbia 19, 282–92, Washington 1952.

Deutsche Atomkommission, Gutachten zu Fragen der Haftpflichtversicherung und Staatshaftung, Bonn 1957.

DEWAR, The Canadian Atomic Energy Control Board, Public Affairs, S. 78, Halifax (Canada).

DULLES, J. F., International atomic agency, Metal Progress, 66, pl. 24, N., Cleveland 1954.

EISENRING, P., Neutralität, Souveränität und Kooperationsverträge, Die Atomwirtschaft, Heft 2, S. 49, Düsseldorf 1957.

Empfehlungen der Internationalen Kommission für Strahlenschutz, hrsg. von der Physikalisch-Technischen Bundesanstalt, Braunschweig 1955.

Erler, G., Internationale Zusammenarbeit bei der friedlichen Verwendung der Atomenergie, Atomkernenergie, S. 109, 153, 186, München 1956.

Erler, G. und H. Kruse, Deutsches Atomenergierecht. Ergänzbare Sammlung geltender Vorschriften auf dem Gebiet der Atomenergie, Göttingen 1955 ff.

Errera, J., E. Symon, J. van der Meulen, L. Vernaeve, Euratom, Analyse et Commentaires du Traité, Bruxelles 1958.

Esser, J., Das Atomrisiko in der Privatwirtschaft, Frankfurter Allgemeine Zeitung vom 10. 11. 1956.

– Das Kernenergiewagnis in den laufenden Schadensversicherungen mit besonderer Berücksichtigung der Feuerversicherung, Versicherungswirtschaft, Sonderbeilage zu Nr. 1, Hamburg 1958.

Fischer, G., La coopération internationale en matière d'utilisation pacifique de l'énergie atomique, Annuaire Français de Droit International, S. 228, Paris 1955.

– L'énergie Atomique et les Etats-Unis, Paris 1957.

Fischerhof, H., Atomenergierecht und Energiewirtschaftsrecht, Der Betriebsberater, S. 1113, Heidelberg 1955.

– Atomwirtschaft und Gesetzgeber, Die Atomwirtschaft, Heft 3, S. 93, Düsseldorf 1956.

– Weltatombehörde, Die Atomwirtschaft, Heft 10, S. 327, Düsseldorf 1956.

– Rechtsfragen der Energiewirtschaft, Frankfurt a. M. 1956.

– Euratom, Die Atomwirtschaft, Heft 5, S. 147, Düsseldorf 1957.

– Strahlenschutz auf hoher Ebene, Die Atomwirtschaft, Heft 2, S. 46, Düsseldorf 1958.

– Atomgesetze der Bundesländer, Die öffentliche Verwaltung, Heft 1–2, Stuttgart 1958.

– International Problems of Tort Liability and Financial Protection arising out of the use of Atomic Energy, International Bar Association, Köln 1958.

– Atomenergierecht VI (Frankreich), Energiewirtschaftliche Tagesfragen, 6. Jg., S. 255, Frankfurt a. M.

Fonk, H. J., Die Bedeutung des § 26 Gewerbeordnung für das Atomrecht, Atompraxis, Heft 8/9, S. 311; Heft 11, S. 439, Karlsruhe 1957.

– Gefährdungshaftung für radioaktive Stoffe, Atom und Strom, S. 45, Frankfurt a. M. 1957.

– Zuständigkeit der Länder für den Erlaß von Rechtsvorschriften auf dem Gebiet des Strahlenschutzes, Die öffentliche Verwaltung, Heft 1–2, Stuttgart 1958.

Frank, K., Atomgesetzgebung im Ausland und in der Bundesrepublik, Energiewirtschaftliche Tagesfragen 5. Jg., S. 179, Frankfurt a. M.; Elektrizitätswirtschaft, S. 59, Frankfurt a. M. 1956.

Freiberger, H., Deutsche Elektrizitätswerke ohne Atom-Psychose, Atom und Strom, 2. Jg., Folge 12, Frankfurt a. M. 1956.

Forest, J. H., Atomic insurance problems; also liability question, Eastern Underwriter 56, p. 41, My 6, New York 1955.

Friedrich, M., Die Haftung aus friedlicher Verwendung von Kernenergie, Atomkernenergie, S. 278, München 1956.
– Umstrittene Haftungsfragen nach dem Atomgesetzentwurf, Versicherungswirtschaft, S. 505, Hamburg 1956.
Geiler, Atomrisiko und Lebensversicherung, Zeitschrift für Versicherungswesen, S. 758, Hamburg 1955.
Gerling, H. und E. Gruse, Das unerforschte Risiko, Die Atomwirtschaft, Heft 2, S. 73, Düsseldorf 1956.
Gieseke, P., Rechtsfragen der Atomenergie, Karlsruhe 1956.
– „Genehmigung" oder „Konzession" im Atomgesetz, Atom und Strom, 3. Jg., Folge 4, S. 29, Frankfurt a. M. 1957.
Gleiss, Atomenergie- und Kartellrecht in den Vereinigten Staaten und in der Bundesrepublik Deutschland, Neue Juristische Wochenschrift, S. 819, Berlin 1956.
Goudefroy, H., Haftung und Versicherung im Atomrecht, Die Atomwirtschaft, Heft 4, S. 112, Düsseldorf 1957.
Green, H. P., Atomic energy and the practicing lawyer, Bulletin d'Informations, Union Internationale des Avocats, Dec., S. 35, Brüssel 1957.
– Information Control and Atomic Power Development, Law and Contemporary Problems, Bd. XXI, S. 90, Durham (North Carolina) 1956.
Gruse, E., Atomenergie für Friedenszwecke und Haftpflichtversicherung, Versicherungswirtschaft, S. 179, Hamburg 1955.
– Die Versicherung der Kernenergierisiken, Technische Mitteilungen, Heft 1, Essen 1958.
Gueron, J., J. A. Lane, I. R. Maxwell und J. R. Menke, The Economics of Nuclear Power including Administration and Law, Progress in Nuclear Energy, Series VIII., Vol. I, London-New York-Paris-Los Angeles 1956.
Haedrich, H., Euratom im Aufbau, Die Atomwirtschaft, Heft 2, S. 48, Düsseldorf 1958.
Härle, E., Von der Genfer Atomkonferenz zur Weltorganisation für die friedliche Verwendung der Atomenergie, Wissenschaftliche Zeitschrift der Friedrich-Schiller-Universität, Gesellschafts- und Sprachwissenschaftliche Reihe, Heft 5, Jena 1956/57.
– Die kernphysikalischen Forschungsgemeinschaften und die wissenschaftlichen Vereinigungen zur Entwicklung der Atomenergie in den westeuropäischen Staaten, Wissenschaftliche Annalen, Heft 9, S. 593, Leipzig (?) 1957.
– Die kernphysikalische Forschungsgemeinschaft der sozialistischen Staaten, Wissenschaftliche Annalen, Heft 11, S. 610, Leipzig (?) 1957.
Hafner, Th., Atomic energy and the patent law, Journal of the Patent Office Society, 33, 35–57, Federalsburg (Maryland) 1951.
Hahn, H. J., Das staatliche Eigentumsmonopol an Kernmaterial in den USA, Die Atomwirtschaft, Heft 2, S. 39, Düsseldorf 1957.
Harward Law School and Atomic Industrial Forum, Financial Protection against Atomic Hazards. The International Aspects. Preliminary Report, New York 1958.

Haunschild, H. H., Zur Haftpflichtversicherung von Atomenergieschäden in den USA, Versicherungswirtschaft, S. 223, Hamburg 1957.
— Europäisches Haftpflichtrecht auf dem Atomgebiet? Versicherungswirtschaft, S. 456, Hamburg 1957.
— Das amerikanische Atomhaftungsgesetz, Versicherungswirtschaft, S. 610, Hamburg 1957.
Hearings before the Joint Committee on Atomic Energy on Governmental Indemnity and Reactor Safety, Washington, D. C., 1957.
Hesch, H., Rechtsprobleme und Rechtsformen im zwischenstaatlichen Handel mit Kernreaktoren und Reaktorteilen, Atomkernenergie, Heft 3, S. 110, München 1958.
Huber, K., Die universale Ordnung der friedlichen Verwendung der Atomenergie, Sonderdruck aus: Europa-Archiv, 16. Folge, Frankfurt a. M.-Wien 1957.
— Die friedliche Verwendung der Atomenergie in Frankreich und die französische Stellungnahme zur europäischen Atomgemeinschaft, Europa-Archiv, 23./24. Folge, Frankfurt a. M.-Wien 1957.
International Labour Organisation, The Protection of Workers against Ionizing Radiation, Genf 1955.
Kaufmann, O. K., Rechtsfragen der Atomenergiegesetzgebung, Schweizerische Juristenzeitung, Heft 20, Zürich 1957.
Kelso, R. C., Rechtsprobleme, die aus der industriellen Verwendung der Atomenergie entstehen, Karlsruhe 1956.
Kinsberger, Biltris und Calewaert, Recht en Kernenergie, Rechtskundig Weekblad, Heft 6, S. 321, Antwerpen 1957.
Körber, W., Atomenergieverwaltung im Ausland, Studien zum Internationalen Wirtschaftsrecht und Atomenergierecht, Band 1, Göttingen 1958.
— Der derzeitige Stand des Atomenergierechts in Deutschland, Atomkernenergie, S. 64, München 1956.
— Atomenergiegesetzgebung im Ausland, Atompraxis, S. 99, 321, Karlsruhe 1956.
Kruse, H., Atomenergierecht in Deutschland, Neue Juristische Wochenschrift, S. 1017, Berlin 1955.
— Der gegenwärtige Stand der Atomenergiegesetzgebung in der Bundesrepublik, Der Betriebsberater, S. 976, Heidelberg 1955.
— Um die Organisation der staatlichen Atomkontrolle in der Bundesrepublik, Die öffentliche Verwaltung, S. 746, Stuttgart 1955.
— Die Atomenergie im Völkerrecht und in den wichtigsten Landesrechten. Dokumentation. Hrsg. vom Institut für Völkerrecht der Universität Göttingen, 2 Bde., Göttingen 1955.
— Die Aufgaben der gesetzgebenden Körperschaften im Hinblick auf die Nutzung der Kernenergie (Referat), Atomkernenergie, S. 62, München 1956.
— Grundprobleme der Atomenergiegesetzgebung, Atompraxis, S. 1, Karlsruhe 1956.
— Rechtliche Aspekte der Kernbrennstoffbereitstellung, Atompraxis, S. 56, Karlsruhe 1956.

KRUSE, H., Rechtsfragen der Atomenergienutzung. In: Atomenergie, Wege zur friedlichen Anwendung, S. 96, Frankfurt a. M. 1956.
– Strahlenschutz und Rechtsordnung, Atompraxis, S. 358, Karlsruhe 1956.
– Zum Atomgesetzentwurf der Bundesregierung, Der Betriebsberater, S. 740, Heidelberg 1956.
– Die Versicherung des Isotopenrisikos, Versicherungspraxis, S. 49, Bonn 1958.
– Die internationale Zusammenarbeit auf dem Gebiet der friedlichen Verwendung der Atomenergie (Dokumente Heft XX), Frankfurt a. M.-Berlin 1956.
– Kernbrennstoffeigentum, Atompraxis, S. 250, Karlsruhe 1957.
LANGENDORFF, Probleme des Strahlenschutzes, Atomkernenergie, S. 135, München 1956.
Legal aspects of the use of atomic energy by private industry, Record. Ja, Dec, New York 1954.
LÜHE, E., Atomenergierecht in Westeuropa, USA und Kanada, Studien zum Internationalen Wirtschaftsrecht und Atomenergierecht, Band 2, Göttingen 1958.
MARKS, H. S., Law and Administration, Progress in Nuclear Energy, Vol. I, Washington, D. C., 1958.
MARKS, H. S. und G. F. TROWBRIDGE, Control of information under the atomic energy act of 1954, Bulletin of the Atomic Scientists 11, 128–30, Chicago 1955.
– – Framework for atomic industry; a commentary on the Atomic Energy act of 1954, Washington, D. C., 1955.
MAUNZ, TH., Der gegenwärtige Stand des Kernenergierechts, Bayerische Verwaltungsblätter, Heft 5, S. 129, München 1958.
MEYER-CORDING, Der Schutz der Arbeitnehmer gegen ionisierende Strahlen. Bericht für die Internationale Konferenz über die friedliche Verwendung der Atomkernenergie (Genf, August 1955), Frankfurt a. M.
– Die wirtschaftspolitisch bedeutsamen Vorschriften des Euratomvertrages, Recht der internationalen Wirtschaft, Heft 5, S. 81, Heidelberg 1957.
MURPHY, Preliminary Report on Financial Protection against Atomic Hazards, New York 1956.
National Bureau of Standards, Regulations of Radiation Exposure by Legislative Means. Recommandations of the National Committee on Radiological Protection (National Bureau of Standards Handbook 61), New York 1955.
NEHRU, S. S., Atom, Fluch und Segen, Salzburger Nachrichten vom 29. 9. 1956.
– An Introduction to Legal Problems of Atomic Co-Existence, Law Journal Press, January 30, 1958, Allahabad.
NEWMAN, J. R. und B. S. MILLER, The control of atomic energy, New York 1948.
NICOLAIDIS, L. P., Die Stellung der OEEC zum Euratomvertrag, in Euratom, Expertenvorträge der Europa-Union, S. 81, Bonn 1957.

NOBILI und ROSSI, Gesetzgebung über Energiequellen. — Die Patentregelung im Gründungsabkommen der Eurotom, Economia Internazionale delle Fonti di Energia, Nr. 2, S. 479, Mailand 1957.

NONNENMACHER, G. G., Vers un Droit Atomique, Essai sur l'internationalisation et la domestication juridique de l'atome, Colmar 1956.

OBERLACK, H. W., Montanunion, Euratom und Elektrizitätswirtschaft, Elektrizitätswirtschaft, Heft 19, S. 695, Frankfurt a. M. 1957.

OEEC, Electricity Rates, Administrative Regulations Concerning the Supply of Electricity, Paris 1957.

OEEC, Possibilities of Action in the Field of Nuclear Energy, Paris 1956.

OEEC, Joint Action by OEEC Countries in the Field of Nuclear Energy, Paris 1956.

OEEC, Europe's Growing Needs of Energy. How can they be met? Paris 1956.

OPPENHEIMER, R., Contemporary problems of Atomic energy, Record 6, 106–21, New York 1951.

PALFREY, J. G., AEC security program: past and present, Bulletin of the Atomic Scientists 11, 131—3, Chicago 1955.

Peaceful Uses of Atomic Energy, Proceedings of the International Conference in Geneva 8.–20. April 1955. Vol. 13, Legal, Administrative, Health and Safety Aspects of Large-Scale Use of Nuclear Energy, New York 1956.

PERRIN, F., L'Organisation Européenne pour la Recherche Nucléaire. Revue Générale de Droit International Public, S. 193, Paris 1955.

PFANNER, K., Der gewerbliche Rechtsschutz im Euratomvertrag, Neue Juristische Wochenschrift, S. 1460, Berlin 1957.

PIÉRARD, J. P., Atome et Droit, Bulletin d'Information, Nr. 9, S. 23, Paris 1957.

— De instelling van een verplicht licentiesysteem inzake atoombreveten, Rechtskundig Weekblad, Nr. 42, S. 2081, Antwerpen 1957.

PIKE und FISCHER, Atomic Energy Regulation. Albany N. Y. 1947 ff. (Ergänzbare Loseblattsammlung.)

POHL, Atomrisiko und Versicherung, Versicherungswirtschaft, S. 548, Karlsruhe 1955.

PRETSCH, Rechtliche und wirtschaftspolitische Fragen der Atomenergie, Atompraxis, S. 202, Karlsruhe 1956.

Protection of industrial atomic energy, statements of insurance leaders, Spectator 162, 18–19, Philadelphia 1954.

RAISCH, P., Zum künftigen Atomrecht in der Bundesrepublik, Juristische Rundschau, Heft 10, S. 361, Berlin 1956.

— Stand der Atomgesetzgebung (Bundesrepublik und Länder), Der Betriebsberater, S. 1017, Heidelberg 1957.

RAISER, R., Die Versicherung der Atomrisiken, Die Atomwirtschaft, Heft 6, S. 213, Düsseldorf 1956.

RAJEWSKY, B., Wissenschaftliche Grundlagen des Strahlenschutzes, Karlsruhe 1956.

Reimer, E. und H. v. Moltke, Erfindungs- und Patentrechtliche Vorschriften im kommenden deutschen Atomenergierecht, Rechtsvergleichende Gutachten, erstattet im Auftrag der interparlamentarischen Arbeitsgemeinschaft, München 1956.

Renauld, J. G., Problèmes juridiques de l'utilisation pacifique de l'énergie nucléaire, Revue de droit international et de droit comparé, S. 88, Brüssel 1957.

Rice, C. H., Insurance problems in the industrial and commercial utilization of atomic energy; abstracts. Eastern Underwriter 55, 24 S 17, New York 1954; National Underwriter 58, p 6, S 16, Chicago 1954; Weekly Underwriter 171, 770–1, O 2, New York 1954.

Ruebhausen, O. S., Changes in atomic energy act, Nucleonics 11, n 5, 16—7, New York 1953.

— New atomic problems, reprinted from Record, New York 1954.

Ruebhausen, O. S. und v. Mehren, Atomic energy act and the private production of atomic power, Record 8, 229–242, New York 1953.

Scheidwimmer, M., Das künftige Atomgesetz, Die Atomwirtschaft, Heft 7/8, S. 245, Düsseldorf 1956.

— Der Entwurf des Atomgesetzes, Grundzüge des Entwurfs, Bundesanzeiger vom 7. 8. 1956, Nr. 151, S. 3, Köln.

— Das Atomgesetz, Bulletin der Bundesregierung vom 4. 9. 1956, Nr. 165, S. 1596, Bonn.

— Atomgesetz und Bauwirtschaft, Der Bau und die Bauindustrie, Heft 11, S. 332, Düsseldorf–Lohausen 1957.

— Haftungs- und Versicherungsfragen, Versicherungswirtschaft, S. 187, Hamburg 1958.

— Der Schutz gegen die wirtschaftlichen Folgen von Reaktorschäden, Die Atomwirtschaft, Heft 5, S. 192, Düsseldorf 1958.

Schönauer, Probleme des Kernenergiegesetzes, Der Volkswirt, Nr. 24, S. 15, Berlin 1956.

— Das Atomgesetz, Der Volkswirt, Nr. 42, S. 11, Berlin 1956.

Schwarzenberger, G., The Legality of Nuclear Weapons, London 1958.

Schweizer Strahlenschutzbestimmungen, hrsg. vom Eidgen. Gesundheitsamt, Bern 1956.

Seydel, H. und H. Salger, Haftung für Atomschäden, Neue Juristische Wochenschrift, S. 1537, Berlin 1956.

Siburg, Th., Zur Kernenergiegesetzgebung in der Bundesrepublik: Rechtsfragen der Organisation, Atompraxis, Karlsruhe 1956, S. 249.

Stason, E. B., Administrative control of atomic energy, Utah Bar Bulletin 16, p 211, Salt Lake City 1947.

— Nuclear power-legal situation, Mechanical Engineering, Paper, n 53, A—230, N 29–D 4, New York 1953.

— Legal problems of nuclear power plants, Mechanical Engineering 76, p 146, F. New York 1954.

— Atomic Energy Technology for Lawyers, Ann. Arbor (Michigan) 1956.

Stratton, R. C., Peaceful atomic risks face imponderables, National Underwriter 59, p. 10, Ja 27, Chicago 1955.

Strauss, F. J., Der Staat in der Atomwirtschaft, Die Atomwirtschaft, Heft 1, S. 2, Düsseldorf 1956.

— Die Bundesrepublik und die internationale Zusammenarbeit auf dem Kernenergiegebiet, Die Atomwirtschaft, Heft 6, S. 209, Düsseldorf 1956.

Strickrodt, G., Das Atomrecht der Zukunft, Deutsche Zeitung und Wirtschaftszeitung v. 24. 9. 1955, Stuttgart.

— Zur allgemeinen Rechtslehre des Kernenergiewesens, Die öffentliche Verwaltung, Heft 1–2, Stuttgart 1958.

Trabandt, H., Arbeitsschutz im Atomenergierecht, Neue Juristische Wochenschrift, S. 1747, Berlin 1955.

— Aufgaben einer Strahlenschutzgesetzgebung, Die Atomwirtschaft, S. 105, Düsseldorf 1956.

— Rechtsfragen des Strahlenschutzes in der Bundesrepublik, Die Atomwirtschaft, Heft 4, S. 109, Düsseldorf 1957.

Tsivoglou, E. C., Health Problems in Uranium Mining, Proceedings of the International Conference on the Peaceful Uses of Atomic Energy, Vol. XIII, New York 1956.

Tybout, A., Government Contracting in Atomic Energy. New York 1956.

United Nations, Proceedings of the International Conference on the Peaceful Uses of Atomic Energy, Vol. I–XVI, New York 1955/56.

United States Senate, Atoms for Peace Manual, 84th Cong. lst. Sess., Dec. No. 55, Washington 1955.

United States A. E. C., Basic regulations for civilian atomic industry, A news release. Washington, D. C., 1955.

United States A. E. C., The hydrogen bomb and international control, Washington, D. C., 1950.

United States Congress, Joint Committee on Atomic Energy, Atomic power development and private enterprise; summary of the hearing before the Joint Committee on Atomic Energy, Washington, D. C., 1953.

Van Zandt, J. E., Legislation for industrial participation in atomic energy, Commercial & Financial Chronicle 178, p 25–34, D 24, New York 1953.

Volpati, M., Il disegno di leggestralcia per l'energie nucleare, Mondo Economico, Nr. 47, S. 19, Mailand 1957.

— Il risarcimento dei danni nucleari nelle legislazione USA, Nr. 13, S. 23, Mailand 1958.

Weitnauer, Der Entwurf des Atomgesetzes, Die Haftungsbestimmungen, Bundesanzeiger v. 7. 8. 1956, Nr. 151, S. 3, Köln.

Workshop on Legal Problems of Atomic Energy, September 13–14–15, Ann Arbor (Michigan) 1956.

Zipfel, O., Das Verhältnis von Staat und Wirtschaft im Bereich der Atomenergie, Neue Zürcher Zeitung v. 18. 9. 1957.

— Wozu brauchen wir den Atomartikel der Bundesverfassung, Neue Zürcher Zeitung v. 10. 11. 1957, Fernausgabe Nr. 309.

Berichtigung

Seite 4, Zeile 10 von unten lies: 1836mal statt: 1837mal

Moser, Atomgesetzgebung

GPSR Compliance

The European Union's (EU) General Product Safety Regulation (GPSR) is a set of rules that requires consumer products to be safe and our obligations to ensure this.

If you have any concerns about our products, you can contact us on ProductSafety@springernature.com

In case Publisher is established outside the EU, the EU authorized representative is:

Springer Nature Customer Service Center GmbH
Europaplatz 3
69115 Heidelberg, Germany

Batch number: 10844675

Printed by Printforce, the Netherlands